遊ぶ奴ほどよくデキる！

大前研一
Ohmae Kenichi

小学館

遊ぶ奴ほど
よくデキる!

目次

2章　ブルーマンデーを撃退せよ……57

3章　旅に出よう……105

6章

家族マネジメント術 175

装幀／永井亜矢子（坂川事務所）

はじめに

多くの友人と遊びの話をしていると「三無い」運動家かと思う。いわく、時間が無い、金が無い、（心の）余裕が無い。しかし、本書を読んでいただけば、これらは工夫次第でいくらでも作り出せるものである。むしろ無い無いと思うことで、作り出すための工夫や努力をしない。したがって、いつまでたってもできない。最後に定年後は時間と金に多少余裕ができても、いまさら、ということで余り思い切った遊びをしない。それで、だらだらと暮らしているうちに人生を終わってしまう。「オン」と同じくらい「オフ」にも若いうちから神経を使い、クレバーに時間、金、余裕を生み出して大いに人生を楽しんでもらいたい、というのが本書のメッセージである。いや、もう一歩進んで「オフ学」とでもいうコースがあればこれは学問。オフ・コース（OFF COURSE）。こうなればオブコース（of course―もちろん）にかけた英語のしゃれで立派な言葉の遊び。そうした工面のできる人がすなわち人生の達人であり、仕事だけでなくて人生を豊かに送れる人だ。だから、表題の〝デキる奴〟というのは従来の仕事のデキる奴、という範疇を超えて、人生そのものを謳歌できる奴、という意味に解釈してもらいたい。私は高校時代からそういう考え方で、そういう生き方をしてきた。そして、還暦を過ぎた今もまだ足りない、と思うくらい遊んでいる。でもそれが仕事の邪魔になったことはない。むしろ逆じゃないかと思っている。そうした生活を送っていくうちにいろいろ考えたことをまとめたものが本書である。読者諸氏の「自分バージョン」を作る際の参考にしていただければ幸せである。

序章

「勝ち組」の条件はオフにあり！

『サラリーマン「オフビズ」革命』

オフロードバイクを趣味にしている私は、月に1度、週末のオフを仲間と一緒に楽しんでいる。でこぼこの林道や建築廃材置き場が我々の遊び場になる。汗まみれ、泥まみれになるうちに日頃の仕事でたまった精神的、肉体的疲れが吹き飛び、休暇明けから再び仕事に臨む活力が自然とみなぎってくる。

そこでいつも不思議に思うのだが、私の仲間にはサラリーマンがほとんどいない。サラリーマンは、日本の就業人口の7割も占めている。それに、私は特別に金のかかるようなオフの過ごし方はしていない。なのに、見かけることはない。

バイク仲間の大半を占めているのは、自分で小さな会社や店を経営していたり、大工、配管工、板金工、電気配線工など手に職を持っている人ばかりだ。彼らは会社に頼らずに自分の力で生き、オフも充実させ人生を楽しんでいるので、話をしていても非常に刺激的だ。第一、バイクの腕前が半端じゃない。平素から十分な訓練を積んでいるのだ。

オフが充実していることは、オン、つまり仕事をエネルギッシュにしていくためにもとても大切なことだ。ところがサラリーマンの典型的なオフの過ごし方といえば、同僚や取引先とのゴルフだ。本来、ゴルフは楽しいスポーツだが、仕事の人間関係をひきずりながらプレーをしても、我を忘れて楽しむことはできないだろう。相手に気を使わなければならない接待ゴルフならばなおさらである。疲れが取れるどころか、気苦労のせいでストレスがたまりかねない。

また、週末をゴロ寝して過ごすのは、接待ゴルフ以上に最悪だ。次にやる何かのための準備として短時間の睡眠を取るのならわかる。しかし疲れているからといって何の目的もなくなんとなく横になり、目覚めた後は漫然とテレビを観ているなんて時間の浪費以外のなにものでもない。これでは疲れが取れるどころか、むしろたまるばかりだ。みなさんも経験があると思うが、目的もなくただ時間を潰そうとすると、精神的に大変な疲れをもよおす。これでは、オフ明けに前向きな気分で仕事に向かうことなどできない。

おそらくサラリーマン読者の多くは学生時代、いま自営業者や職人になっている人よりもいい成績を取っていたはずだ。学校の成績に関する私の持論は、「仕事ができるかできないか、あるいは人生を幸せに過ごせるか過ごせないかは、学校の成績とは関係ない」である。だから人生を享受できていないサラリーマンがいても、何ら驚くことはない。問題は、オフを楽しめていないサラリーマンが、どうやらかなりの数にのぼるという点だ。あたかも「学校の成績は悪い方が人生を楽しむことができる」という皮肉な法則でもあるかのように。いまの世の中、なまじ学校の成績が良かったために出世競争に参加し、気が付けば梯子がはずされてしまった、あるいはなくなっていた、という話が少なくない。それでも人生の設計図を引き直さずに昔と変わらず足掻いている、というパターンが多いのではないか。

ここに、１９８０年代の面白いデータがある。日本人男性は職場で席に座っている時に、もっとも安定してアルファ波が出ているというのだ。

アルファ波は脳波の一種で、精神的にリラックスしている時に出るといわれている。つまり80年代、日本人男性にとって職場がもっともリラックスできる場所であったということだ。右肩上がりの経済が続き、毎年確実に給料が増え、ポストも豊富だった当時、サラリーマンがいかに「気楽な稼業」であったかを示すデータであり、家庭よりも職場でリラックスしていたという皮肉な話でもある。

だが、いま同じ調査をしても同じ結果は出ないだろう。リストラを宣告されはしないかという恐怖にさらされているサラリーマンにとって、会社はもはや〝安住の地〟ではなくなってしまったからだ。そんな時代にオフなどとんでもない、休日には資格取得のための勉強をしなければ……と焦る人もいるだろうが、逆である。いまこそサラリーマンはオフを充実させる絶好のチャンスなのだ。

といっても、仕事での成功をあきらめ競争社会から降り、のんびり生きよう、趣味に生きようなどと、流行りのスローライフ的な生き方を薦めているわけではない。いままで日本のサラリーマンはあまりにオン中心、つまり仕事中心に生きてきた。80年代までならばそれでも報われることがあったかもしれない。誰でもそれなりにポストや給与の見返りがあったからだ。しかし、これからの時代はそれに見合ったリターンを得られるとは限らない。

ならば、オンと同時にオフも充実させよう。そうすれば、かりにオンの人生で目標通りにいかなくても、家族や友人と楽しい時間を過ごすことができていれば、最後に「いい人生だった」といえるのだから。そして冒頭でも書いたとおり、オフが充実してこそ、オンへの活力も得ることができるのである。

では、「オフビズ」――仕事をしていない時間――を充実させるためにはどうしたらいいか。最大のポイントは、計画的に楽しむことである。

私の場合、世界一苛酷な生き残り競争があるといわれるマッキンゼー・アンド・カンパニーで23年間も過ごしてきた。しかしその間も、音楽やスポーツ、バケーションの取り方はいまとまったく変わってない。

オフの年間計画を必ず年初に立て、「この時期にはここに行き、この遊びを楽しむ」という具合に、まず年に3回ある長期休暇の計画を立てる。次に、月単位で週末のオフに何をするかを決める。この月のこの週は仲間と一緒にオフロードバイクを楽しむ、この週は私がクラリネットを担当している音楽の仲間と練習する……という具合だ。夏はスキューバダイビングやボート、冬にはスノーモービルも数回ずつ入れ、春から秋にかけては蓼科の山荘に行って執筆したり、家族や友人と遊ぶ。また、自分の体の治療や癒しなども予定を立てて行なっている。たとえば美容院やマッサージ、深爪の治療などは第3土曜日など特定の週末に集めるようにしている。このように週末のオフのローテーションを作り、その通りに実践するのである。

場当たり的にどこかに出かける場合でも、自転車でその時々のイベントを訪ねたり、ツツジやアジサイなどの名所に行く。また、多くの時間をとるゴルフや釣りは控え、引退後のためにとってある。私が好きなのは激しいスポーツが多いので、体力のあるいましかできないと思うことを優先したいからだ。

オフなのに計画を立て、その通りに実践するなんて息苦しい、オフぐらいはいい加減に過ごしたいという人がいるかもしれないが、間違いだと思う。無計画に週末のオフを迎えているからこそ、誘われるままに接待ゴルフに行く羽目になったり、妻の買い物に付き合わされたりしてしまう。そして、いざオフ当日になって何も予定がないと、ゴロ寝やパチンコで時間を潰し、気が付いたら日が暮れていた、という最悪の事態になってしまうのだ。

オフの計画を立てるということは、必然的に時間と金の再配分を行なうことにつながる。サラリーマンならば多かれ少なかれ、仕事帰りに赤提灯やカラオケに行き、早く家に帰った日には漠然とプロ野球中継などを見ているだろう。そのすべてをやめろとはいわないが、何回かに1回は減らすべきだ。そうすれば、仕事の勉強のために使えるし、無駄な疲れもたまらない。週末をやり残した仕事や勉強のために取られることもなくなり、思い切り遊ぶための活力も生まれるはずである。

また、週末のオフに無理に早起きをし、1万円も2万円もかけて国内のゴルフ場でプレーするのもやめよう。その分のおカネを節約すれば、たとえば年に1回1週間程度、オーストラリアの素晴らしいゴルフ場で死ぬほどゴルフ三昧に浸ることができる。なにしろ往復の飛行機代はボトムシーズンなら5万円台からある。しかも自治体などが運営しているゴルフ場ならプレー代はわずか１０００円程度なのだから。

小さな不完全燃焼を何度も繰り返すよりも、数は少なくても本場で集中的に楽しみ、完全燃焼する――これもまた、オフを充実させ、楽しむためのコツのひとつである。

私もスキーなどは、カナダのウイッスラーという世界的に有名なスキー場で年に1度思い切り楽しむことにしている。５泊程度の宿泊代を入れても12万円ほどですむ。小さな不完全燃焼をやめることで空いた時間は、別の趣味や勉強や家族との交流に使えばいい。オンもオフも計画的に生きよう。それが人生を豊かにする第一歩である。

年間100万円の〝オフ資金〟を作る方法

以前、知人からこんな話を聞いた。テレビのお宝鑑定番組を見ていたら定年退職した〝給食のおばさん〟が登場し、50万円もするマイセンの食器を持っていたというのだ。

ドイツのマイセンといえば、世界最高の陶磁器の産地として知られる。その陶磁器は焼き上がりの素晴らしさ、絵柄の美しさが格別で、コレクターならば思わず手を出したくなる逸品揃いである。当然、値段も張り、数枚の皿のセットが数十万円などざらだ。

彼女はテレビカメラに向かってこう語ったそうだ。

「長年、給食を作る仕事を続け、毎日アルマイトやプラスチックの食器ばかり触ってきました。お金に余裕ができたいま、長年憧れていたマイセンの食器を買ったんです」

その女性はいいお金の使い方をしたな、と私は思った。

彼女のように自分のためにお金を使う人は、日本には少ないのではないか？

オフを——人生を楽しむ準備を整えるためには一つに《時間の再配分》が必要だ。いままで接待ゴルフや週末ゴロ寝に当てていた時間をオフを楽しむ時間に割り当てていく。そして同様に、《お金の再配分》も避けられない。

たとえば人生最大の出費、住宅の購入だ。不動産経済研究所の調査によると、04年の首都圏における建て売り住宅の平均価格は4534・9万円。この価格だと、多くは通勤に1時間あまりかかる郊外物件になるだろう。豊かな自然といえるほどの環境ではなく、都会型の余暇を楽しむには都心に遠い。とても中途半端である。仮に頭金を1000万円あまり用意し、3500万円を民間金融機関で住宅ローンを組み、平均的な建て売り物件を購入したとすると（変動金利2・375％、返済期間30年、ボーナス払いなし、元利均等返済の場合）、返済総額は4897万円にものぼる。

一方、首都圏における民間分譲マンションの平均価格は4104万円。頭金1000万円で、残り3000万円を先と同条件でローンを組むと、返済総額は4200万円になる。

マンションの分譲価格はここ2年ほどやや上昇しているが、この平均価格前後の金額なら職住接近を満たす都心の物件を購入することもできる。しかも、700万円近くも節約できる。

子供の教育費も再配分を検討する余地が大いにある。

文部科学省の調査をもとに試算すると、小学校のみ公立で、幼稚園から高校まで私立に通った場合、教育費の総計は959万円。これに対しすべて公立に通った場合は511万円、その差は実に448万円にもなる。大学では、医歯学系（6年間で約400万円）を除く国立は文系理系ともに230万円前後。私立は文系で430万円、理系は560万円（以上すべて4年間）、医歯学系（6年間）ともなると2950万円近い支出だ。

教育費を家計の聖域にしてしまってはいないだろうか。

幼稚園から「お受験」し、有名大学から一流企業というレールに乗って育った人間が、変化の激しいこの時代を生き抜くことができるとは到底思えない。高校までは親が面倒を見るとしても、そのあとは子供の自主性に任せた方がいいし、子供がどうしても大学に行きたいというのであれば、アルバイトで学費を稼がせればいい。その方がよっぽどたくましい人間に育つだろう。実は親が子供と過ごす時間を倍増することで教育費は半減できる。大学に入ったら経済的に自立して学ぶことがいかに大切かを子供に理解させるのだ。

時間を投入することで金は半減し、子供はこれからの社会を生き抜く力を身に付ける。そういう目的をもって子供に接することが大切だ。

《お金の再配分》の、最後の大きなターゲットはマイカーだ。8人乗りRV車の4WDタイプが根強い人気だが、そもそも日本には、雪国を除いて4WDでなければ走破できないような道はほとんどない。また8人でドライブする機会など、おそらく年に数回もないだろう。必要な時だけレンタカーで定員の多い車を借り、ふだんは小型車に乗ればいいのではないか。

このタイプのＲＶ車の場合、本体価格を２９０万円とすると消費税約15万円、自動車所得税が約13万円の合計約３２０万円かかる。購入１年目からのランニングコストを年単位で試算すると自動車税（約４万円）、自動車重量税（約３万円）、自賠責保険（約１万円）、任意保険（約３万円）、駐車場代（毎月１万５０００円として18万円）、車検代（約２万円）合計約31万円になる。後に挙げる小型車の場合と比較してみると、差額は２００万円近くにもなる。

さらにいえば、マイカーが本当に必要なのか、いま一度検討してみる必要がある。１３００ccクラスの小型車の場合、たとえば本体価格１２０万円なら消費税６万円、自動車取得税が約５万円の合計で約１３０万円かかる。さらに購入１年目からのランニングコストを年単位で試算すると、自動車税（約３万円）、自動車重量税（約１万円）、自賠責保険（約１万円）、任意保険（約３万円）、駐車場代（毎月１万５０００円として18万円）、車検代（約２万円）で合計約28万円になり、ここにガソリン代が加わることになる。

もし年に数回のドライブやゴルフしか車を使う機会がないのなら、マイカー所有をやめ、レンタカーやタクシーですませる方がはるかに経済的だ。レンタカーなら同車種を12時間借りて6000円程度ですむ。

一般的なサラリーマンなら年間100万円規模で〝オフ資金〟を捻出できるはずだ。今回の提言にしても、「建て売り住宅→マンション」で年間23万円、「幼稚園から高校まですべて公立」で年間30万円、「マイカー所有をやめる」で年間40万円の節約ができる計算になる。

住宅、教育、車のコストを見直し、いまの自分にとっての「マイセンの食器」が何なのか、思いを馳せてみようではないか。

1章

年齢不相応の精神を持て！

格安クルーザーで、マリンレジャーを満喫！

私にとって釣りは、一生つきあえる趣味のひとつだ。仕事をリタイアしたら、「海の東海道五十三次」を巡る船旅を楽しもうと思っている。といっても東京から京都まで行こうというのではない。私の目標はもちろん日本一周だ。ルートには「海の奥の細道」や陸路ではやったことのある「九州一周火山巡り」などもある。

クルーザー（大型のパワーボートやヨット）で出発し、思う存分に釣りを楽しんだ後は近くの港に船を停め、釣った魚を港のレストランに持ち込んで自分の注文通りに調理してもらい、港のホテルに泊まる。翌日また船で旅に出て、次の海で釣りを楽しむ……。こうして日本各地の海を回るのが夢だ。

しばらく前には、友人のクルーザーで瀬戸内海の関空マリーナから小豆島を経て対岸にある岡山県の牛窓マリーナまで釣りをしながらクルージングし、島陰に船を停め一夜を過ごしたり、海辺のホテルに泊まったりした。

また、東京湾の入り口近くにある千葉県の保田漁港には、地元の漁業協同組合が経営する「ばんや」というレストランがあり、漁師が獲ってきたばかりの新鮮な魚を調理して出している。漁港に船を停められるので、私もそのレストランはよく利用している。インターネットで調べると、船で行って利用できるホテルやレストランが各地に少しずつできつつある。私の旅をより楽しいものにするためにも、こうしたホテルやレストランがもっともっと増えてほしいと思っている。

この夢を語ると、必ず「クルーザーで釣りをしながら日本一周の旅をするなんて、なんて贅沢なんだ」と反感を抱く方がいる。

しかし、このような人にかぎって、クルーザーの相場も知らなかったりする。ぜひ一度、インターネットで価格を調べてみてほしい。

たとえば、23《フィート》、10人乗りのクルーザーは、新製品でも安いものは200万円台の前半から購入できる。いまはデフレなので中古なら中古車より安い。車の維持費も含めた所有コストと比較してみれば、都心に住む人にとっては車をやめて船を買う方が明らかに安い。問題は検査料と停泊料を合わせた場合に、一般には駐車場代より高くなる傾向があること、係留場所の絶対数が不足していることである。

車を持ち、ドライブすることを「贅沢だ」と非難する人はいない。なのに、クルーザーと聞くと眉をひそめるのはなぜか。理由はひとつ――クルージングを楽しんでいる日本人がまだまだ少ないからだ。

だが世界を見渡せば、ニュージーランド、オーストラリア、フィンランドなどの場合、それこそ一家に1艘の割合でボートやヨットが普及している。いずれも一人当たりの平均所得でいえば、日本より少ない国々である。一部の金持ちだけでなく、ごく平均的な国民がクルージングを楽しんでいるのだ。日本とは物価も違い、ユーザーの数も多いので、当然価格も安い。

アメリカの場合は4世帯に1艘ほどの割合だが、海に面した地域に住む人に限ると、所有率はもっと高まる。日本の場合、海の楽しみ方というと海水浴と潮干狩りがほとんどである。先進国、しかも豊かな海に囲まれた海洋国家でありながら、これほどマリンレジャーが貧相なのは日本ぐらいだ。そして、「クルージングは一部の金持ちの贅沢な趣味だ」と思い込んでしまっている。その思い込みがメンタルブロック（心の障壁）となり、自らオフの楽しみ方の選択肢を狭めているのである。このことに気づかないと、夢の構想は貧弱になる一方だと思えてならない。

日本のマリンレジャーを貧しくしているもうひとつのメンタルブロックは、「海と漁港は漁業関係者のもの」という思い込みだ。

クルーザーなどのプレジャー・ボート（業務用ではなく娯楽用の船）が漁港を利用すると、数千円の利用料を取られる。それでも利用できるならまだましな方で、私などはひどいときには漁民にこん棒を持って追い立てられるように利用を拒否されたこともある。

農林水産省や各都道府県は「漁港は漁民が優先的に使用できる」と指導しており、漁民は「漁港は自分たちのもの」と思い込んでいる。だが、じつはこの行政の解釈や漁民の思い込みに法的根拠はない。そもそも、道路と同じく漁港も税金で作られたものだ。ならば、業務用車両だけでなくドライブを楽しむ一般の車も道路を走れるのと同じように、漁港もプレジャー・ボートが利用できて当たり前のはずである。

日本にはいま2927もの漁港があるが、漁業が衰退し、現実には漁港として十分に機能していないところが圧倒的に多い。漁港の数を5分の1から6分の1に減らしても何の支障もきたさないはずだ。

なのに、いまだに漁港として存続している理由は、そこに農水省と港湾建設業界の利権がからんでいるからだ。漁港であれば港湾工事のために定期的に国から予算がおり業者が潤うが、漁港でなくなるとそうはいかなくなる。だから、その利権を手放すまいとして業者がロビー活動をしているのだ。港湾工事費が漁獲高よりも高い港が大半なのだから、あきれたものではないか。

漁民のなかには「海と漁港を一般の人に開放しよう」という私の意見に賛同してくれる人も多い。先に挙げた千葉県の保田漁港のような使い方をすれば、じつは漁民も儲かるはずなのだ。だが、港湾建設業界が自らの利権のためにそれを阻んでいる。漁港が漁民のものでなくなれば、農水省が管轄するという大義名分が成り立たなくなり、予算が付かなくなる可能性があるからだ。

実は日本にはすべての人がボートを置けるくらいのスペースが、過去の公共投資で漁港や貨物港として、すでにできあがっている。それを一般に開放し、その周辺に宿泊や食事のできる施設を作れば、ノルウェー並みの「海洋民族」になれる。つまり、私の夢は、実はすべての人がふつうにマリンレジャーを楽しめるようになることなのだ。私は、自分の夢を実現する努力が、実は日本を生活者優先の、ふつうの先進国にする道でもあると考えている。

海遊びを楽しめない日本は「レジャー後進国」だ！

欧米人はクルーザー（大型ボート、ヨット）所有率が日本人よりはるかに高く、気軽にマリンレジャーを楽しんでいる。

アメリカ西海岸の人々は、夏には涼しい場所を求めて北を目指す。ロサンゼルスのヨットハーバー「マリーナ・デルレイ」から船を出し、サンフランシスコ沖、シアトル沖を経てカナダに入り、バンクーバー島の南端を旋回し、チャンネル・アイランドと呼ばれる内海に入る。

そこはもう天国だ。スケールが大きく美しい多島海が広がり、信じられないほど水が澄んでいる。春には、産卵を終えたサケが集まってきており、釣り好きにはたまらないスポットだ。釣ったサケの頭を切って網に入れて沈めておくと、そこにロッククラブ（食用のカニ）がかかる。サケの内臓などを四角い網に結わえつけ、海底に数分も置いておけばサッと甘エビが寄ってくる。次から次に高級食材が獲れるので、釣り人を飽きさせることがない。

バンクーバー島北東部にあるジョンストン海峡はオルカ（シャチ）・ウォッチングのメッカだ。その生息数は２００頭以上といわれ、クルーザーや豪華客船が行き交う中を黒い背びれを見せ飛沫《しぶき》を上げながら泳ぎ回る。その光景は、感激の極みである。この光景は、インターネットでリアルタイムで見ることができる（http://www.orca-live.net）。

冬には逆に南を目指してクルーザーを繰る。カリフォルニア州南部のサン・ディエゴを越えると、南北１４００㎞にも及ぶメキシコ領のバハ・カリフォルニア半島が眼前に広がる。その南端を回り、メキシコ本土との間に入れば、コルテス海だ。最南端のカーボ・サン・ルーカスはリゾート地として有名で、何千艘もの船で溢れている。

港に船を停め、タクシーでスーパーに行き食料を買い溜め、船で2～3日コルテス海を漂っては、またラ・パーズやエルニドなど別の港に入る——こんなのんびりした過ごし方をする人が多い。メキシコ南部のアカプルコにまで遠出をする人もいる。

マリンレジャーが楽しめるヨーロッパの海といえば、やはりエーゲ海だ。多島海の美しい風景が広がるこの海にはヨーロッパ中、さらにはアメリカからもクルーザーがやってくる。客船やフェリーも見かけるが、多くは個人所有の小さな船である。特にイギリス人、ドイツ人、ノルウェー人、アメリカ人が多い。

過ごし方は様々だ。特定の港の周辺にとどまってゆったりと過ごす人もいれば、島から島へと航海する人もいる。古代ギリシャの遺跡が残る無人島もあるのだが、フェリーの往来がないので観光客があまりいない。そこで彼らは自分の船で上陸して散策を楽しんでいる。もちろん釣りやスノーケリングもできる。

アメリカでもヨーロッパでも、こうした海でオフを満喫している人の多くは若者ではなく、中高年とりわけ現役を引退した世代だ。ここで強調しておきたいのだが、彼らは学生時代に運動部でヨットやクルーザーを始めたり、子供の頃から親に連れられ船を経験していた人ばかりではない。

日本ではクルーザーを運転するためには免許（外洋に出るには1級小型船舶操縦士、沿岸のみなら2級小型船舶操縦士）が必要だが、アメリカでは免許などいらない。オーストラリアでは必要だが、落とすためではなく受からせるための試験なので、できるまでやり直せる。

何しろ敷居が低いのだ。だから中高年になってからでも気軽にクルーザーを始められる。しかも最近の船にはGPS（全地球測位システム）が搭載されているので、危険な海域を回避できる。

「海の助っ人」という頼もしい味方の力を借りるのもいいだろう。インターネット上で「日当1万数千円」という条件で同伴者を募集すれば、元コースト・ガード（沿岸警備隊）など海の専門家さえ名乗りをあげてくる。彼らは、安全な海域や魚が豊富にいる海域を知《ち》悉《しっ》しており、ルートや目的地に関する適切なアドバイスをしてくれる。また、運転や料理もお手の物だ。さらに、船とスタッフを一緒に借りることだってできる。その場合でも、家族で下手な高級ホテルに泊まるよりも安い料金で済む。

クルージングのルート上には、釣った魚を注文通りに調理してくれるレストランや、係留場所に近いホテルのある港が続く。そうした実用的な情報が、欧米のマリンレジャー雑誌には満載されている。また、大抵の港には貸しスクーターの店があり、陸にあがってドライブを楽しむことができる。料金は一日2000〜3000円程度と安く、普通乗用車の国際免許証を見せれば難なく借りられるのもありがたい。スクーターは一日10ユーロ（1400円）くらいだ。

前述したように、欧米では「海はみんなのもの」という考え方が徹底している。一方の日本では「海と漁港は漁民のもの」という思い込みがあり、この考え方が漁民ばかりか、広く一般の国民にまで浸透してしまっている。そのため、マリンレジャーといえば海水浴と潮干狩りしか浮かばない。「本物」の海遊びを知らない日本は、ことマリンレジャーに関しては、完全に後進国に甘んじているのである。

また、日本には漁民のことを考える役所はあっても、我々生活者のことを考え、娯楽のために予算をつけてくれる役所がない。つまり、政治、いや官僚統治機構が、生活者（受益者である一般の国民）よりも提供者（たとえば漁業関係者や港湾工事関係者）の側に立った論理で物事を考えているのである。

仕事や旅行で海外に行ったら、現地の人々がどのように遊び、オフを楽しんでいるかを観察してほしい。グローバルな視点に立てば、「海と漁港は漁民のもの」というメンタルブロック（思い込み）がいかに馬鹿げたものであるかがわかる。「何かおかしい、私ももっとマリンレジャーを楽しみたい」——そう思った瞬間にメンタルブロックは消え去り、オフを楽しむための貪欲な気持ちが芽生えるはずだ。その気持ちが日本を真の生活大国にするのだ。

「自腹」で楽しめないゴルフはするな！

私はときどき長野県の蓼科でゴルフをする。ゴルフ会員権を持っていないので少々割高のビジター料金になるが、それでも午後からのハーフ（9ホール）が8000円（真夏以外は4000円）のトワイライト料金で楽しめる。午前中から1ラウンドプレーしても1万2000円だ。バブル期と比べるとかなり安い。にもかかわらず、ゴルフ場には閑古鳥が鳴いている。なぜだろうか。

バブルの頃、サラリーマンはふんだんに経費を使って接待ゴルフができたが、バブルが弾けてからは交際費の引き締めが厳しい。反面、プレー代が廉価になったのだから、自腹で楽しめるはずである。

日本にゴルフ好きはそれほどいないのではないか。ゴルフ場に行くたびに、私はそう訝《いぶか》っている。かつてゴルフが盛んだったのは、ゴルフ好きが多かったからではなく、1000万円単位の会員権が象徴するように社会的ステータスとしてもてはやされていたからではないかと。

日本ではかつて、これと同じ現象がスコッチ・ウイスキーで起きている。スコッチは長らく高嶺の花だった。なかでもカティサークは人気が高く、1本が数千円もするにもかかわらず、日本で飲まれるウイスキーのシェアはナンバー1を誇ってきた。ところが、その後、酒税が大幅に下がったり、ディスカウント店が安売りするなどして価格が2000円を割ると、売り上げは急落した。安くなれば売り上げが伸びるはずなのに、逆の結果になってしまったのだ。

これにはイギリス人が驚き、「日本人は本当にスコッチが好きなのか、本当にスコッチの味をわかっているのか」と首をひねった。業界ではいまもなお「事件」として記憶されている。

日本でスコッチ、とりわけカティサークの人気が高かったのは、「高額」イコール「ステータス」ととらえ、ありがたがっていたからにすぎない。現金ではないが、高価だとわかる社用の贈答品としての利用も多かったのではないか。

そこで提案だが、ゴルフから遠ざかってしまっている人は、一度、自腹でコースに出てみてほしい。それも同僚や取引先の人とではなく、気の置けない友人や家族とだ。接待ゴルフの欠点は、ラウンド中のつまらない会話にある。仕事の話にせよゴルフの話にせよ、場つなぎ的な会話に終始し、しかも接待だからリラックスできない。家族や友人とならそんな心配もなく、しかも自腹だと、とことん楽しもうという貪欲さがでるので、仕事でやるゴルフと比べて断然エキサイティングだ。

オフは自腹で楽しむ。これがオフを完全燃焼するための第1の鉄則である。他人のお金だと、元をとろうという意欲に欠け、楽しめたかどうかの基準も甘くなる。せっかく自分のお金と時間を割くのだからとことん面白がりたい、そんな貪欲さがオフを充実させることはしばしばだ。

ここで大切になってくるのがオフを完全燃焼するための第2の鉄則——オフは本場で楽しむ——だ。

経験上、日本のゴルフ場には魅力的なコースがあまりないように思う。たとえば、青々とした海を眺め、潮の香りをかぎながらプレーするのが私は好きなのだが、日本には本格的なリンクスコース（海越えコース）は、極めて少ない。

漁業権がネックになっているのだ。私の知人が実際に経験したことだが、海越えのコースを設計して自治体に建設の認可申請をすると、「もしもゴルフボールが沿岸で漁業に従事している漁民に当たって怪我をしたら、誰が責任を取るのか」といわれ、認可が下りない。現実にそこで漁業をやっている漁民などひとりもいなくても、結論は変わらない。

ゴルフ場建設をめぐる日本の環境は、あまり芳しくない。それに比べると、海外には本格的なリンクスコースなどいくらでもあるし、プレー代もいまの日本以上に安い。たとえば、オーストラリアではパブリックコースならば10豪《ドル》（約８５０円）、プライベートコースでも30〜60豪《ドル》（約２５５０〜５１００円）から楽しめる。

日本で月に１回、１万２０００円を払ってプレーした場合、年間のプレー代は14万４０００円になる。これに対し、年に１回、オーストラリアで１週間プレーする場合、パブリックコースならプレー代は６日間で５１００円、豪華なコースでも３万６００円だ。往復の飛行機代は時期や利用航空会社にもよるが、安いチケットならば５万円台からある（エコノミークラス）。友人とマンションの宿泊費を折半すれば６泊で２万４０００円程度で済む。それで、より刺激的なコースが堪能できるのだから、断然お薦めだ。

「同じ金額でどこまで行けるか」を計算してみると、国内のあまり魅力的ではない観光地よりアジアの国々のほうが安く旅行できることがしばしばある。同様に、「同じ金額でどこまで楽しめるか」にこだわってみると、実は海外の「本場」を選んだほうが得策な場合が多い。

スキーについても然りだ。日本のスキー場はゲレンデの距離が短く、ちょっと滑ってはリフトに並んで上に戻り、また滑り……の繰り返しで、ちまちましている。ゆったり滑ることができるのは志賀高原（長野県）、安比《あっぴ》高原（岩手県）、キロロ（北海道）ぐらいである。

これに比べると、カナダのウイッスラー、ブラッコム、アメリカのベイル（コロラド州）、スノーバード（ユタ州）、オーストリアのレッヒ（アールベルク地方）、スイスのサンモリッツといった〝本場〟のスキー場は景色も雄大であり、ちまちまとリフトを乗り継ぐ必要もないので滑り甲斐がある。

しかも日本に比べ、スキー場に隣接する施設が極めて充実している。ホテルには豪華なサウナ、外に面したジャクジー付きの風呂、美味しいレストランなどがあるので、数時間滑ったら風呂を浴び、ビールやワインを飲みながら他のスキーヤーが滑るのを眺めたり、家族や友人と談笑し、体力が戻ったらまた滑る——こういう贅沢な楽しみ方が比較的廉価でできる。

ゴルフにせよスキーにせよ、死ぬまでに楽しめる回数は限られている。ならば本場で醍醐味を味わい尽くそう。

楽器演奏を始めて「一生の友」を得よう

最近、オペラや歌舞伎などに若い女性ファンが増えている。実際、大抵の趣味は何歳から始めても遅くないし、〝高尚な趣味〟などと決めつけているクラシックなどの世界が、一生の楽しみになることだってあるのだ。では、ここで音楽を例にして趣味の深め方について提案しよう。キーワードは、「趣味は参加型にして楽しむ」だ。

①趣味日記をつけよう

私は中学時代に合唱部、高校時代はブラスバンド、大学時代はオーケストラに所属し、今もクラシックの鑑賞と演奏を趣味にしている。

クラシックの世界にのめり込む最初のきっかけは、合唱部の顧問教師からのアドバイスだった。音楽を聴いたら必ず、曲名、作曲者、指揮者、演奏者、ラジオで聴いた場合はその番組名などを記録し、自分なりの感想や解釈を記しておくといいといわれ、大学卒業まで10年近く書き続けたのである。

この「趣味日記」をつけていると、クラシックに関する体系的な知識が自然と身につく。また、クラシックを聴き始めたころと半年後、1年後では同じ曲でも感じ方が異なったりする。日記があればそれぞれの曲を初めて聴いた当時の感想と、今の感想を比較できて面白い。テーマもなく漫然と書き続けた日記より、「私はこんなクラシックを聴いてきた」という明確なテーマがある趣味日記のほうが持続できるし、後から読み直す楽しみは何倍もある。

何もクラシックに限った話ではない。映画でも小説でもオペラでも京劇でもいい。ほんの数行の記録をつけ続けることが、趣味への興味を持続・倍増させるコツだ。

②趣味は「狭く、深く」が基本

趣味日記で、クラシックの世界への興味が増していったら、次にどんな楽しみ方ができるか。

よく多芸多趣味といわれ、大抵の話題についていける人がいる。ところが、じっくり話を聞こうとすると、5分10分で話の種が尽きてしまいガッカリさせられることが多い。これでは趣味というより単なる雑学だ。イメージとしては、1時間は語れる、ぐらいに1つの趣味を追いかけたい。趣味は、投資時間と楽しみが比例するという、とてもシンプルな世界だからだ。

趣味日記をつけていると、「この作曲家の曲をもっと聴きたい」「このピアニストは他にどんな演奏をしているのだろうか」といった興味が湧いてくる。例えばベートーベンならベートーベンに絞り、さまざまな曲を徹底して聴いてみよう。「ベートーベン」という柱ができれば、しめたものである。次は同時代の作曲家にチャレンジしてもいいだろうし、彼が影響を受けたり、影響を与えた作曲家、彼の曲でよくタクトを振った指揮者を聴き込むといった具合に、周辺領域へ興味の対象を広げることができる。1つのジャンルの中で次に知りたいこと、やりたいことをどんどん作り出せることが、趣味の達人となる秘訣だ。ベートーベンを追いかけていたのに、巡りめぐってジャズのマイルス・デイビスに夢中になっていた……そんな意外な広がりもまた刺激的だ。

③コンサートに出かけよう

日記をつけ、テーマを見つけて曲を聴き込む、という形でクラシックの世界に参加していくうちに、家でCDを聴いているだけでは飽き足らなくなってくる。ぜひコンサート会場に足を運び、生演奏を聴いてみたい。

幸い日本の場合、どんな音楽ジャンルでも、世界の超一流の指揮者、演奏者、歌手のコンサートが開かれる。たとえばアルゼンチン出身の世界的なピアニストであるマルタ・アルゲリッチなどはここ数年、毎年日本でコンサートを開いている。

私も、どうしても聴きたいコンサートがあると、なるべく早くチケットを予約し、他の予定を入れないようにし、妻と一緒に出かけている。

以上①から③は、いわばクラシックの世界への「擬似参加型」。歌舞伎やオペラ、京劇、ジャズ、演劇などなど、いろいろな趣味に応用できる楽しみ方だ。そしてさらに、音楽の場合はもっと直接的な参加ができる。

④楽器に挑戦しよう

自分で楽器を演奏する「参加型」の楽しみは、テーマを決めて聴く「擬似参加型」の楽しみに比べ、何倍も大きい。カラオケが流行った最大の理由も、プロの演奏に自分の歌声で参加する興奮がウケたことにある。

また楽器を演奏していると、どんな曲を演奏しているかも楽譜を確認することも忘れ、すべての思考がとまったような感覚になる。そして頭の中に美しい情景が浮かんでくるのだ。最高の癒しの状態である。

若いうちから始めないと楽器は習得できないというのは、単なる思い込みだ。別にプロを目指すわけではない。やってみたい楽器、演奏してみたい曲と出会ったら、何年かかってもいいから、自分のペースで練習していけばいい。私の知り合いは、娘の結婚式でどうしても吹きたい曲があるからと、60歳近くになってからサックスを習い始め、夢を実現した。本人にとっても娘さんにとっても、一生の思い出となったに違いない。

楽器は何でもかまわない。学生時代に少し触ったことのあるものでもいいし、まったく経験のないものでもいい。音楽教室やカルチャーセンターには、ピアノやフルート、クラリネット、サックスはもちろん、オカリナや二胡など、さまざまな楽器の大人向け講座が用意されている。楽譜が読めないことを前提にしてスタートするレッスンも多数あるので、臆することはない。楽器は新品を定価で買おうとしたら決して安くはないが、中古品をネットオークションで買ったり、楽器メーカーのレンタルやリースを利用すれば、かなり安くすむ。

また最近は、楽器練習者向けのカラオケCDなども出ている。通常のカラオケはボーカルを除いた演奏部分だけが録音されているが、楽器練習者用のカラオケは、ピアノ、サックスなど特定の楽器の演奏が抜けている。たとえばサックスを練習しているなら、サックスのパートが抜けたCDを再生してベースやドラム、ピアノなどの演奏に合わせて練習できるわけだ。

⑤仲間を作ろう

音楽の最大の楽しみは合唱や合奏、つまり仲間と一緒に歌い、演奏することにある。何曲か演奏できるようになったら、ぜひ一緒に演奏する仲間を探してほしい。周囲に楽器仲間がいなければ、音楽教室の掲示板や地域の情報誌で探してみるのも手だ。

「年齢不相応の精神」でスポーツに挑戦しよう

スポーツはオフの王様だ。

私も年間を通じて週末にオフロードバイクを、また冬にはカナダのウイッスラーでスキーを満喫している。新潟や長野に出掛け、機会があればスノーモービルも楽しむ。過去には世界のほとんどの有名ダイビングスポットでスキューバダイビングをしてきたし、毎週テニスをしていた時期もあった。

スポーツほど、楽しみながら心身のリフレッシュと健康維持をできる趣味はほかにない。ところが中高年には、「自分はもう年だから……」と敬遠してしまっている人が少なくない。多くの中高年がいそしむスポーツといえばゴルフがある。ゴルフは確かに面白いが、健康維持という点でいえば、あのぐらいの歩行でもいい運動になるという年齢でもないかぎり、さしたる効果は望めない。

スポーツは若者だけの特権ではないし、何歳になってももっと身体を動かすものに挑戦したい。これを実践したのが、ソニーの創業者である故・盛田昭夫氏だ。ずっとゴルフを続けてきた盛田氏は、60歳になってからテニスを始めた。彼は私にこう理由を明かした。

「同年代の人たちとゴルフをして最後に風呂に入ると、みんなお尻が垂れ下がってる。見るからに老人のケツだよ。まるで自分の体を見せられているようで嫌だ」

つまり、ゴルフでは健康や若さの維持は期待できないと痛感したわけだ。一時期、盛田氏と私は毎週1回朝7時から、同じテニスクラブの隣り合ったコートでラケットを手にしていた。氏はいつも、ソニーの若手社員を相手に元気な声を出しながらのダブルスである。隣のコートでインストラクターと手加減をしてもらいながら適当に打ち合っていた私は、心底驚かされた。

盛田氏は65歳になってから、今度はスキーに挑戦した。シーズン中は毎週のように安比や旭川のカムリ・リンクスなどのスキー場に足を運んでいたが、年をとってから始めると、傾斜のきつい坂を滑降するのは勇気がいる。そこで氏は、若手女性社員たちも呼んで、彼女たちの前で「勇気、勇気」と心の中で叫びながら滑ったそうだ。ウインドサーフィンを始めたのも、確かこの頃だったと思う。

そして67歳のときに、なんとスキューバダイビングの世界に飛び込んでいった。

その少し前、ある雑誌で氏と対談した。「60歳でテニス、65歳でスキーを始めたので、70歳でダイビングに挑戦したい」と発言した盛田氏は、「宇宙遊泳はできないから、その感覚をダイビングで味わいたいんだ」と、少年のように夢を語っていた。

対談が誌面になった途端、日本中のダイビングスクールから「ぜひうちで……」と申し出が氏のもとに殺到し、予定を早めて67歳でライセンスを取得した。翌年、私は一緒に沖縄に潜りに行ったが、盛田氏は気持ちよさそうに自社のデジタルカメラ「マビカ」を水中カメラケースに入れて魚の写真を撮っていた。

盛田氏は「年齢不相応の精神」の持ち主だった。「もう何歳だから……」と自分で自分の行動に枠をはめてしまう「年齢相応の精神」からは、中高年になって新たなスポーツに挑戦しようという発想は決して生まれない。「俺は絶対老人にはならない」と日頃口にしていた盛田氏のこうした精神が、若さの秘訣だったのである。体に無理をさせないようコーチにつくなどして最新の注意を払いながら、「年齢不相応の精神」を発揮してスポーツに挑戦してほしい。

次に大事なのは、興味のあるスポーツと出会ったら、忙しさを理由に先延ばしせず、すぐに始めることである。「定年退職したら、新たにこの趣味に挑戦しよう」と計画をたてる人がいる。だが、実際にそれを実現するのは至難の業だ。定年になってからでは、おっくうになるのが関の山である。

やってみようかと思った瞬間が旬である。もう定年を迎えたがごとく、いますぐスタートしよう。定年前に始めてこそ、「いつかスキーの本場カナダで滑りたい」「ゆくゆくはハワイの海でウインドサーフィンをしたい」といった具体的な夢に向かって練習を重ね、定年後にそれを実現できるのである。

楽器演奏と同様に、スポーツも一緒に楽しむ仲間がいてこそ楽しい。そして、仲間は仕事関係者以外でつくろう。ある経営者が現役時代から、カメラを趣味にしていた。国内外の風光明媚な場所を訪れてはカメラに収め、休みの日に多くの部下や取引先関係者などを自宅に集めてスライド上映会を開くほどの入れ込みようだった。

引退後はたっぷり時間ができるから、いままで行けなかった場所にも足を伸ばして写真を撮り、それをみんなに見せようと意気軒昂だった。ところがいざリタイアすると、部下や取引先の〝友人〟は誰も上映会などに集まってくれなくなった。仕事関係の人脈は、引退した途端に切れてしまうことがほとんどなのだ。

何か新たなスポーツを始めるときは、スクールに通うなどして仕事関係者以外の仲間を求めるのがいい。こうした人脈は最初から上下関係、利害関係がないので楽しいし、定年後も付き合いが続く。

欧米では、子供の頃から一種のたしなみとしてスポーツをやるのが当たり前と考えられている。

ヨーロッパでは楽器演奏とスポーツを1つずつ身につける人が多いようだ。アメリカではよりスポーツに重きが置かれていて複数のスポーツをこなす人が多い。いずれにしろ、子供の頃から何かのスポーツを始め、それを大人になっても続ける。そして、中高年になって余裕が生まれると、自分がプレーするだけでなく、ボランティアで地域のスポーツクラブなどの運営に関わり、子供たちを指導したりする。スポーツを生涯の友にしているのだ。

スポーツは一生付き合える趣味である。何歳からでも遅くない。盛田氏の「年齢不相応の精神」にならい、いまからスポーツを始めてみよう。

男の買い物の醍醐味は〝定番〟探しにあり！

モノに対するこだわりを持たないサラリーマンが多い。オフを快適に過ごす上で、モノが果たす役割は、軽視されているのではないか。

こだわりのなさを感じるのは、例えばこんなときだ。スケジュールを確認するために手帳を出そうとしたが、通勤カバンを開けたはいいが、書類や雑誌、資料などが雑然と詰め込まれているので、すぐに手帳が出てこない……。

使い勝手の悪いカバンを使用していると、意外にストレスになる。何がしまってあるかも把握しづらいので、家に持ち帰ったと思い込んでいた書類がカバンに入っておらず、慌てふためくということにもなりかねない。

私の場合、決してそのようなことはない。カバンに限らず日常的に使う身の回りの品については、それぞれ、自分がもっとも使いやすい「定番」を決めているからだ。

定番を探すにあたって重要なことは、どんなモノがいいのかという選定基準を明確にしておくことである。

たとえば私は、オンでもオフでも外出するときには、必ずドイツのGOLD　PFEIL（ゴールドファイル）というメーカーのセカンドバッグを持って出る。私はセカンドバッグの取っ手の部分を持つ癖があるのだが、このバッグは、取っ手の金具がとても丈夫にできていて壊れにくい。このバッグに出会うまで、10社以上のセカンドバッグを使ってきたが、どれも1年もたたないうちに取っ手の金具が壊れてしまい、ストレスが溜まっていた。

収納も充実していて、財布や携帯電話など一日に何度も使うアイテムは、出し入れしやすいよう、外側のチャック付きポケットにきれいに収納できる。メーンのチャックを開けると、中は幾重かに仕切られており、名刺、運転免許証、企業の入館証、エステサロンの会員証、マッサージ店の割引カード、健康保険証、常備薬、筆記用具、パソコンのデータメモリーカード、クリップ式のサングラス、携帯電話の予備電池などを入れている。オンとオフの必需品をすべて収納できているので、外出前にバッグの中身を確認したり、「あれを持っていかなくちゃ」などと慌てることもない。海外旅行中はこの中にパスポートとチケットを入れている。極端な話、このセカンドバッグだけを持って出ればよい。これは相当に快適である。

パソコンを持って出張するときは、アメリカのTUMI（トゥミ）という会社のパソコン用ブリーフケースに入れていく。このバッグは出会うまでに20年かかったが、それ以来、もう20年近く使い続けている。アメリカ陸軍の防弾チョッキ規格のナイロンを使用しているのでとても丈夫で、ぶつけたり、落としたときの衝撃を和らげるようにクッションも組み込まれている。

いま私が使っているのは同じトゥミの革製バッグで3代目になる。古くなるとまったく同じ商品を買ってるのだ。中は各国用のソケット、変圧器、ACアダプター、ちょっとした書類、常備薬、シンプルな洗面道具セットなどもうまく収納できるようにデザインされている。最近は飛行機のビジネスクラスで周囲に数人は同じバッグを持っている人を見かけるようになった。特にパソコンのヘビーユーザーの間では非常に評価の高いバッグである。

普段履きはウォーキングシューズ（コールハーン）と決めている。踵部分に空気のクッションが付いているので長時間歩いても疲れにくいし、走るのにも適している。出張先で時間があいたときに、ふらりと出歩きたくなる私にはうってつけだ。ゴム底なので雪にも強いし、ボートに乗るとデッキシューズにもなる。

以上が、私の定番の一端だ。それぞれどんな基準で定番にしたかがわかってもらえただろう。自分にとって使いやすいかどうかだけに、とことんこだわっているのである。

定番の日用品を持つメリットは、私の経験上、大きく2つある。

①自分のニーズに合っているから、不便さからくるストレスがない。
②古くなったらまた同じモノを買えばいいので、次はどれにしようかと悩みながらあちこち見て回る必要がない。

特に②は、私にとって大きなメリットだ。モノ選びに頭を悩ますくらいなら、仕事のアイデアを練ったり、趣味を楽しむためのプランニングに時間を使った方が有意義である。そう思って、定番と出会えていない日用品については、慎重に吟味しながら買い物をしてきた。

モノに対するこだわりとブランドに対するこだわりはまったく異なる。自分が使うモノがブランド品かどうかなどはどうでもいいことである。モノを見栄を張るための道具ととらえるのは無意味だ。そんなことのために一生懸命働いて手にしたお金を使うのはもったいないし、高級ブランドだから使いやすいわけではない。

ところが、ブランドに興味がないこととモノに興味がないことを同一視してしまっていることが多い。これが、サラリーマンの生活を貧しくしてしまっている一因だ。特に中高年のサラリーマンの多くが、贅沢はできないからと安さだけを基準にカバンやスーツ、普段着などを買い求めている。そこには、安くて、しかも使い心地や着心地がいい商品はないかと探してみる発想が往々にして欠けている。その結果、大して気に入らないカバンを持ち、次もまたこれを買おうと思えないスーツを着ながら毎日通勤し、オフも履き心地がさほど良くない靴でウロウロする羽目になる。私は自分の着るシャツも自分でデザインしたものにしている。マオ・カラーなのでネクタイがいらない。香港のテーラーですでに70着近く作っている。日本のデパートのオーダーメイドのワイシャツの3分の1の価格である。しかも、今ではFAXでも注文できるようになっている。

同じ値段の使い捨てボールペンでも、書きやすいモノとそうでないものがあるだろう。その違いは商品の優劣からくるのではなく、使い手のニーズや癖からくるものだ。そこに気がつけば、あなたの身の回りは、定番に囲まれた快適な空間に変わる。ちょっとしたひと手間をかければいいのだ。

その点、女性は概して定番探しが上手い。いつも使う味噌や牛乳、お米、食パンなど、安くて美味しいものをきちんと厳選している。化粧品にしても、自分の肌にあった商品をちゃんと見極めている。それこそ自分の生活を豊かにする知恵だ。

週末にはデパートに出かけ、自分だけの定番を見つけてみてはどうだろうか。定番探しこそ男の買い物の醍醐味だと、私は思う。

自分の「定番」を持てば人生は何倍も豊かになる

かつてビジネスマンの「遊びの三種の神器」といえば、麻雀、ゴルフ、カラオケと相場が決まっていた。だが、ご存じのように、まず麻雀が廃れ、続いてバブルが崩壊するとゴルフを楽しむ人が減り、最近はカラオケブームも去った。

カラオケの衰退は最近の特徴的な現象を象徴している。以前は仕事の打ち上げや歓送迎会に、部長や課長が若い部下を引き連れてカラオケに繰り出すことがよくあった。だが、いつの頃からか、ミドル世代が若者のうたう歌についていけなくなり、カラオケから足が遠ざかった。歌そのものが世代、年代、時代とともに劇的に変わってしまい、皆で楽しむ素地が薄くなってしまったのだ。そして、一時的にカラオケルームを占拠した若者も次第に飽き始め、いまでは斜陽となってしまった。

私はこれを「スキー現象」と呼んでいる。昔のスキー場は老若男女が一緒に楽しむ場だった。ところが、若者の間にスノボーが流行り、スノーボーダーが溢れると、ミドル世代のスキーヤーは自分が時代遅れの存在のように感じ、スキー場から離れていった。

ところが、そのうちスノボーのブームが去ると、スキー場自体が閑散としてしまった。つまり、世代を超えて老いも若きも一緒に楽しめなくなると、一時的には若者で賑わうが、いずれその移り気な若者も離れ、結局は廃れてしまう。

それでも若者は次から次へと新しい遊びを見つけていくからいいが、ミドル世代はその辺の切り替えが往々にして苦手である。繁華街にしても、たとえば、かつて六本木は大人の街だったが、若者が大量に進出して以来、周辺の青山や西麻布に押しやられ、最近はそこも若者に浸食されている。「大人の居場所がなくなったよ」と嘆くミドル世代がほとんどだ。

このため、趣味らしい趣味も、自分の庭といえるような遊び場もなく、会社帰りに近場で同僚と一杯引っかけて家に帰るのがせいぜい、というふうになってしまっている。

だが、これではあまりに寂しいではないか。仕事だけの人生も家庭だけの人生も味気ない。だからこそ、会社の同僚や家族の誰とも共有しない自分だけが夢中になれるものを持つことを薦めたい。

こだわりを持ってそれを追求していると、無為に時間を過ごすことがなくなるという利点がある。私は大の食い道楽であり、オフロードバイクに熱中しているのだが、以前こんなことがあった。

ある平日、大きな仕事が突然キャンセルになり、1日ぽっかり時間が空くことになった。そこで私が何をしたかというと、車で山梨県にある有名な蕎麦屋に向かったのである。ここは評判の蕎麦屋で、以前行ったときには満席で、しかも2時間待ちといわれて諦めた経緯があった。どうしても食べてみたかったのだが、それをようやく実現させることができた。そして午後は近くに住むバイク仲間と連絡を取り合い、夕方までたっぷりとツーリングを楽しみ、非常に充実した1日となった。

普通のビジネスマンとは違うから、という人もいるかもしれない。だが、考えてみてほしい。予定していた仕事がなくなり、ポッカリと時間が空いたら何をしているだろうか。おそらく、何の用事がなくともとりあえず会社に行き、やることもなくボーッと1日をやり過ごすことが多いのではないか。何となく会社にいて、何となく残業して……これこそ時間の無駄遣いというものである。

それならば思い切って休暇を取ってしまったらどうか。そして、自分一人でも楽しめるこだわりの趣味に時間を費やした方が気分もリフレッシュできる。その日が充実するばかりか、翌日から再び仕事に邁進しようという気力も湧いてくるのではないか。

こだわりの利点は他にもある。私は高校時代からクラリネットの演奏を始め、大学時代と大学院時代にはオーケストラに所属するなど、徹底してクラリネットを追求してきた。社会に出てからはクラリネットを手に取る時間は少なくなったが、いまでも少し時間をかけて練習すれば、以前と同じとはいわないまでも、それに近いレベルの演奏をすることができる。

つまり、極端に体力を要するスポーツを別とすれば、ある時期にとことんやっておけば、年を取ってからでもある程度のレベルで楽しめる。だからこそ、これぞと思ったものが見つかったらとことんこだわってほしい。

「もう年だから……」などと諦める必要はない。以前、テレビで、細田博之官房長官も大人になってピアノを始めた、と紹介されていたが、腕前はかなりのものだった。

モノにこだわるのもいい。たとえば、私の知人のビジネスマンに大変なジャズファンがいる。

学生時代にジャズの名盤ＬＰを集め始め、いまではその数２０００枚以上。ＣＤよりも音の奥行きが深く、ジャズクラブで演奏している雰囲気がリアルに感じられ、ジャケットのデザインも楽しめる。そのため、いまでもＬＰにこだわり、会社帰りや仕事でニューヨークなどに出張したとき、中古レコード店を回り、掘り出し物はないかと探している。

ＬＰレコード以外にも、切手、時計、陶磁器、ワインなどにこだわる人も多い。希少価値のある「憧れの名品」を探しているときはまるで理想の恋人を追い求めているような気分になり、そうして手に入れた「こだわりの一品」に囲まれていると人生が豊かになったように感じるという。

私も外出用のセカンドバッグ、パソコン用のブリーフケース、スタンドカラーのシャツ、ウォーキングシューズに始まり、歯磨きやシャンプーといった細々したものに至るまで、自分の気に入った独自の定番だけで生活している。

また、私の朝食はここ20年ほど鮭茶漬けと決まっている。瓶詰めの鮭とお茶漬けの素の銘柄にはこだわっているが、それだけだ。こだわりゆえに朝食に無駄な時間をかけずにすみ、妻の負担も減って一石二鳥である。

趣味をとことん追求する。定番の品を持つ――こうしたこだわりを持つことで人生は何倍にも豊かになるはずだ。

2章

ブルーマンデーを撃退せよ

〝虚栄の日〟は自転車で都内各所を散策

2〜3週間に1度の日曜日に設けている「癒しの日」を、私と家内は「ヴァニティ・デイ（Vanity Day）」（虚栄の日）と呼んでいる。ネーミングのヒントは、英作家ウィリアム・サッカレーが19世紀イギリスの上流階級の世界を描いた『虚栄の市（NIYO Vanity Fair）』という小説だ。わざわざこんな名前までつけたのにはわけがある。

たとえば散髪や通院、マッサージなどは、仕事のように何か生産的なことをするわけでもなく、オフロードバイクのように体を思いっきり動かして楽しむ趣味とも違う。

特に忙しいときなどは、こうした非生産的なことはつい後回しにしてしまうものだ。そこで私は、前もって予約を入れて行かざるを得ないようにする。そしてこの日をあえてヴァニティ・デイと呼んで、体や心を癒すためだけに使うことにしている。「今日はヴァニティ・デイだから、リラックスするぞ」と開き直るわけだ。

こうして向かう先のひとつが、3週間に1度の美容院だ。カットとシャンプーと整髪だけなので、30分ほどで終わる。理髪店は無駄な作業が多く、余計なことに時間とお金を取られるので使わない。鏡を見れば自分で剃刀をあてることなど簡単、特に最近の三枚刃の剃刀は秀逸だ。

私はシャンプーやシェーヴィング・ジェル、歯磨き粉など日用品はみな使いやすさや効果のほどを吟味して愛用の品を決めているのだが、美容院にも、同じ整髪料を置いてもらっている。直接肌につけるものは、やはり使い慣れたものがいい。

また2週間に1度、体の疲れをとるために、タイ式か台湾式のマッサージを受けている。

タイ式マッサージの店には天蓋とタイの音楽で雰囲気があり、台湾式の店には二胡など中国の楽器を使ったBGMが流れていて、店に入った瞬間から体の中の血がすべて入れ替わるように、頭の中がオンからオフへ切り替わっていく。静かに目をつぶっているとバケーションに来ているような気分にひたることができ、大切なリラックスの場にもなっている。

オフの過ごし方については年間スケジュールを立てているので、美容院もマッサージも半年に1度、訪れる予定日をまとめて決めている。

加えて3週間に1度、ネイルサロンに通っている。サロンも半年ごとにまとめて予約するのが常だ。

ネイルサロンと聞くと、何を贅沢なと思う向きもあろうが、私は長年、足の巻き爪に悩まされており、食い込んだ爪を自分で切るだけでは対症療法にしかならないから、定期的に治療をしなければならないのだ。

治療目的ではあるのだが、ネイルサロンにいる時間も、思いがけず私にとって貴重なリラックスタイムになっている。1時間程度、個室のソファにゆったりと座り、他人に身を任せているうちに、気持ちがすーっと落ち着いてきて、仕事や家庭のこともすっかり忘れてしまう。心と体のケアにもなっているわけだ。

いずれの店にも馴染みの担当者がいるのだが、彼女たちの存在もまた、私のヴァニティ・デイを快適なものにしてくれている。タイ式マッサージの担当の女性はいままでに3回も店が変わっているので、私もそれに合わせて通う店を移っているほどだ。もともと話が合う上に、何度も通ううちに気心も知れてくる。だから、一緒にいて気が楽なのである。

休日に会社や取引先の人とゴルフに行っても、仕事の人間関係を引きずっていては精神的にリラックスできない。また、友人と会うのは楽しいものだが、下手をするとお互いの時間感覚が合わず、一方は「そろそろ帰りたい」と思っているのに、もう一方は「次の店に行こう!」なんてことになり、かえって疲れてしまうこともある。

ヴァニティ・デイにはそういう心配がない。それぞれの担当者とは仕事の関係ではないので気を張ることもないし、予定外に自分の時間を浸食されることもない。

ヴァニティ・デイの移動手段は電動自転車だ。美容院、2つのマッサージ店、ネイルサロンのいずれも、自宅から15分〜30分の距離だ。風を全身で感じながら、車の少ない休日の都心を電動自転車で走るのは気分のいいものだし、軽い運動にもなっている。

単に自宅と目的地の間を一直線に往復するだけでは味気ないので、ときどき寄り道をすることもある。タイ式マッサージの店は水道橋にあるので、気が向いたときには、靖国神社や千鳥ヶ淵に寄ったりしている。ネイルサロンは広尾にあるので、帰りに青山墓地や神宮外苑を通ることも少なくない。

緑が豊かな場所では電動自転車を止め、デジタルカメラで花や木の写真を撮っている。デジタルカメラは撮った写真をパソコンに保存したり、消去すれば、何枚撮ろうがフィルム代がかからないから便利で経済的だ。

車や電車で移動していると気づかないきれいな花々も、自転車だとどんどん目に飛び込んでくるから面白い。ふと足を止めて花の写真を撮っているだけで、折々の季節を感じることができる。ほんの数分、千鳥ヶ淵の内濠に浮かぶ水鳥を眺めていると心が洗われる。ふだん見逃してしまっている光景を見ているうちに、新鮮な気分になってくるのだ。

撮った写真は、私が出演しているテレビ番組『ビジネス・ブレークスルー』（スカイパーフェクTV！）のスタジオの背景に使っている。番組の冒頭で「これは今日の昼間、千鳥ヶ淵で撮ってきたものです。東京はいま桜が満開です」と紹介すると、それだけでリアルタイムの季節感が出るので、視聴者にも好評だ。

また、行きつけのカフェやラーメン屋にひとりで行ったり、あるいはガイドブックを手がかりに、駐輪場があるレストランで家内と待ちあわせて一緒に昼食をとったりもしている。

この日は文字通り一日中、心身ともにリラックスしっぱなしなのだ。

読者もヴァニティ・デイを作ってみてはどうだろう。「この日は仕事のことは考えない」と決めてしまうのだ。そして、散歩やサイクリング、あるいは音楽を聴くなど、自分がリラックスできることをやろう。それだけでもオンからオフへ自然とスイッチが切り替わり、生活のアクセントにもなるはずである。

月曜の朝を爽快にする週末散策のススメ

天気のいい週末、私はよくオフロードバイクで東京・江戸川の河川敷をあてもなく走っている。ひとりのこともあれば、バイク仲間と一緒のこともある。

利根川の支流である江戸川は埼玉と千葉、続いて東京と千葉の境を南下し、浦安のあたりで東京湾に注ぐ。全長は約60㎞、川幅は広いところで400ｍほどもあり、日本の川としては流れがゆったりとしているほうだ。

上流に行くほど両岸の眺望が開け、天気のいい日には遥かに富士山を望むことができる。春には川沿いに菜の花が咲き乱れ、「いちめんのなのはな　いちめんのなのはな……」という山村暮鳥の詩を彷彿とさせる。秋にはヒガンバナやコスモスが豊かに咲き、四季折々の風景を楽しめる。ときには、水鳥やキジやタヌキに遭遇することもある。

また川沿いには「権現堂桜堤（埼玉県幸手《さって》市）」「堀切菖蒲園（東京都葛飾区）」「矢切の渡し（東京都葛飾区〜千葉県松戸市）」といった見所が溢れ、利根川に入って少し北上すると動植物の宝庫「渡良瀬遊水池」がある。寄り道に事欠かないので、何度行っても飽きがこない。

天気のいい休日には川沿いをドライブやサイクリング、散歩で行き交う人を多く見かける。のんびりと釣りや写生を楽しんでいる人もいて、子供連れの行楽としてもお薦めのエリアである。

ＪＲの武蔵野線、常磐線を始めとして何本もの鉄道が川を横切って走っているので、車やバイクがなくても、最寄りの駅（武蔵野線ならば三郷、常磐線ならば金町）で下車し、近辺のレンタサイクルショップで自転車を借りてサイクリングを満喫できる。

川の散策には、4つの魅力がある。1つは、交通費以外にはほとんどお金がかからないことだ。この点がテーマパークともっとも違う。昼食もコンビニのおにぎりで十分である。河川敷に腰をおろし、風を頬に感じながら食べるおにぎりは、下手な高級レストランの食事より美味く感じるものだ。お金がかからないゆえ、時間さえあれば、気軽に何度も行ける。

2つめは、ストレスがないことだ。テーマパークでは、子供にせがまれ「最低これだけのアトラクションを楽しませなければ」と強迫観念に駆られてしまう。人気アトラクションは1時間も2時間も並ばなければならないことがある。車で行けば行き帰りの渋滞にも巻き込まれる。だから無理なスケジュールを立てざるを得なくなり、結果、苛立ちが募り、精神的な疲れもたまりやすい。一方、江戸川の場合、帰りの時間さえ決めておけば、あとは予定や計画は不要だ。何かに並ぶ必要もない。私もそうだが、行き当たりばったりで川沿いを巡り、気の向くままに寄り道すればいい。予定や計画と無縁だからこそ、ストレスもなく、リフレッシュ効果が高い。

3つめは、開放感だ。休日に都心の大きな公園に出かけても、人でごった返していることが多く、人疲れしてしまう。ましてデパートや話題の商業スポットなどの場合、閉ざされた空間なので行動範囲が制限され、空気も悪く、ストレスがたまりやすい。それに比べて江戸川の場合、川だから行き止まりがない。どこまでも進める。上流に行けば行くほど、視界をさえぎる人工的な建造物の数も少なくなり、人口密度も低くなっていく。それゆえ、ただそこにいるだけでリラックスできるのである。

最後に、家族の会話が弾むことだ。横浜に住んでいたころ、私の息子たちは鶴見川沿いに咲き乱れる四季折々の花や水鳥を見ては、「なんていう名前？」と私たち夫婦を質問攻めにした。その場で名前がわからなかったらカメラで撮り、帰宅後に親子で一緒に事典やインターネットで調べれば会話が成り立つ。川は上流、中流、下流によって異なる顔を持ち、川によっては上流に近づけば同時に山の風景も楽しめる。また、大きな幹線道路のようなものなので、道に迷うこともなく、海と比べて立ち入り禁止区域も少ないから、子供たちは夢中で走りまわるだろう。

東京ならば江戸川がお勧めだが、良く整備され、ノンビリとくつろげる川は全国にある。代表例をあげれば、山形の最上川、静岡の天竜川に富士川、愛知の矢作《やはぎ》川、大阪の淀川、三重・奈良・京都の木津川といったところだ。

こうした場所は一度行っただけで終わりとせず、何度も行ってみるのが、より楽しむためのコツである。川に限らず近場の海でも山でも森林公園でも同じだが、多少なりとも自然の残る場所ならば、四季折々、違う風景を目にすることができる。「こんなところにこんな花が咲いているのか」「季節や天気や時間帯によって海の色はこんなふうに変わるのか」と、行くたびに新しい発見があるのは楽しいものである。

そのように自然が見せるちょっとした顔に敏感になること自体、気分がリラックスしている証拠だし、子供にとっては下手な習い事よりもはるかにいい情操教育になる。また、通うたびに場の雰囲気や風景がより自分の体に馴染み、しだいに自分の庭のように思えてきて、より安らぎを得やすくなる。

同じホテルやレストランに何度も通ううちにスタッフとも馴染みになり、次第に居心地がよくなっていくのに似ている。やがてそこは「ストレスがたまっているときには、あそこに行けば解消できる」といった「お馴染みの場所」になる。そういう場所は貴重である。休日に人でごった返す場所に出かければ新たなストレスを抱えかねないし、お金もかかる。お金を使ってしかオフのプランを立てられないのは発想があまりに貧困すぎるし、そもそも家計がもたない。お金がかからず、そこに行けば心身ともに休まり、リラックスできる、そんな「お馴染みの場所」を見つけておくことは、特にいまのような時代、とても大切なことだと思う。

仕事で辛いことがあって思い詰めてしまいそうなとき、「あそこに行ってみよう」と思えるような、視点をガラリと切り替える「お馴染みの場所」を持っているかいないかでは雲泥の差がある。前の週にたまったストレスを引きずることなく、月曜日に爽快な気分で出社できるかどうかの分水嶺になる。

週末別荘は「田園型」か「マリンリゾート型」か

家を買う時の判断基準は、次の4つだろう。

①価格　②通勤時間　③住環境　④広さ、部屋数

いずれも重要な要素だ。それゆえ、しばしばその4つを同時に追い求めてしまう。

過去10年間、都心に勤務する人が購入した一戸建ての平均価格は5000万円弱で、3500万円のローンを35年返済で組んでいる。これだけ高額の投資をしながら、通勤時間は平均1時間強。しかも自然溢れるというほどの住環境でもなく、決して広い家ともいえない。どれもこれも中途半端というのが現実だ。

この〝中途半端〟を解消するのがセカンドハウスだ。予算が同じ5000万円ならば、まずは3500万円でウイークデーに住むマンションを勤務地から20分前後の都心部に買う。つまり②の通勤時間を最優先にした物件だ。

そして、残る1500万円で自宅や勤務地から2時間程の自然溢れる地に週末用の家、つまりセカンドハウスを求める。金持ちの別荘ではない。当たり前のウィークエンド、オフを満喫するために③の住環境を最優先した住宅だ。

セカンドハウスに相応しい住環境は次の2つだ。

1つは「マリンリゾート型」である。

関東でいえば、葉山を筆頭に、油壺、三崎、三浦海岸、観音崎など三浦半島の沿岸各地には多くのリゾートマンションがある。海に面し、気候が温暖で、半島の西側ならば相模湾越しに富士山が見えるなど眺望も素晴らしい。多くの海水浴場に加えて葉山マリーナ、逗子マリーナなどもあり、マリンスポーツが楽しめる。しかも半島の先端にはマグロ漁港として有名な三崎港があり、魚が美味い。

1500万円以内というセカンドハウスの予算のなかで狙い目になるのが中古物件だ。不動産価格の下がったいまならば、1LDKから2LDKの間取りで、1000万円以内で買える中古リゾートマンションや民家が数多くある。若干古いが眺望がよく、テラスやバルコニーを広くとっているマンションも少なくない。

「マリンリゾート型」の場合、釣りや海水浴、散歩、ヨット、ゴルフなど屋外でレジャーを楽しむ頻度が高いので、セカンドハウスはくつろぐ場所というより寝泊まりする場所になる。それゆえ部屋数はあまり必要ない。

同じ関東で、一般的に三浦半島より安い価格で同様の物件が買えるのが、外房の勝浦、御宿、鴨川などだ。近辺に勝浦海中公園、鴨川シーワールドなどの公園やテーマパークがあるし、内陸部にはゴルフ場も豊富だ。内房なら金谷あたりから先が狙い目だ。海岸沿いのドライブコースも充実している。もちろん新鮮な魚介類を楽しむこともできる。また、茨城県の大洗海岸あたりなら、東京からの時間はむしろ短くなる。

予算は1500万円を超えてしまうが、「マリンリゾート型」の発展型「湾岸リゾート型」はさらに魅力的だ。

たとえば、横浜ベイブリッジの内側の湾岸エリアなどに中古マンションを購入し、近くに海のある生活を週末に味わうのだ。最近は八景島やベイサイドマリーナ周辺でも〝掘り出し物〟がある。都心に通勤するのは大変だが、週末にオフをすごすなら最高だ。横浜の湾岸エリアの場合は、マリンスポーツに加えて、大規模商業地区「横浜みなとみらい21」、中華街、ショッピング街の元町、山下公園などがあるので、少し足を伸ばせば都市型のレジャーも同時に楽しめる。

こうした考えをもとに、私は以前から横浜湾岸エリアの再開発計画作りに関わっている。提案しているのは、「東洋のベニス」をコンセプトに、世界的な「湾岸リゾート」を目指そうというプランだ。景観のいいエリアにホテルやマンションを建て、水路を整備し、電動ボートの「水上タクシー」で各観光スポットへ水上からアクセスできるようにする——といったことがプランの柱になっている。

「湾岸リゾート型」は横浜の他、お台場、浦安、築地、西日本なら神戸、北九州、福岡アイランドシティといったエリアでも考えられるだろう。

セカンドハウスの立地に相応しいもう一つの住環境は「田園型」だ。

すでに首都圏在住者が長野県などにセカンドハウスを持つケースが増えつつある。昨今、別荘やリゾートマンションが1000万円ほどで競売に出され、使われていない古い農家も500万円前後で売られるようになった。

長野に限った話ではない。自宅や勤務地から2時間以内で、豊かな自然が残っているという条件で探すと、大都市周辺にはセカンドハウスに適した土地がたくさんある。

「田園型」のセカンドハウスですごす場合、私のように付近の山でオフロードバイクやスノーモービルを楽しんだり、あるいは近くのゴルフ場でプレーする場合は別だが、基本的には周辺の散策など短時間のレジャーを楽しむことが多いので、必然的に家の中でくつろぐ時間が長くなる。だから家はある程度広い方がいい。

そこで注目したいのが定期借地権だ。通常50〜51年という期間をあらかじめ区切り、所有者から土地を借りる借地の方法である。目安として土地を買った場合の20～30％の保証金を所有者に払い（契約満了後に返戻される）、あとは地代を納めていけばいいから、買った場合に比べて支払い総額が少なく、より広い土地により大きな家を建てやすい。これなら家を買うときの判断規準③の住環境のみならず、④の広さや部屋数も充実する。

つまり「田園型」は、土地は買うよりも、できるだけ借りた方がいい、ということだ。

セカンドハウスや別荘購入希望者に対して、定期借地権とは異なる方法で土地を「買う」のではなく「借りる」という方法を提案して成功しているのが、蓼科を抱える長野県の茅野市だ。茅野市では、財産区（市町村内にある土地などの財産を管理するために設けられた自治体制度の一種）が所有する土地をディベロッパーが賃借りし、そこを開発して個人などに貸す、という形態が取られている。土地を確保するコストが比較的安く済むので、広い土地に大きな家が建てられる。定期借地権を利用すれば蓼科と同じようなメリットが期待できる。

週末は家族で「日帰りグルメ旅行」に出掛けよう！

私には機会あるごとに利用している「定番の店」（飲食店）が国内外に合計１００軒以

上ある。自宅から近い店はほんの一握りで、ほとんどが車や電車を使わなければ行けない場所にあるものばかりだ。

自宅から離れた都内や東京近郊にある店の楽しみ方は大きく2つある。

1つは「一人メシ」だ。私はラーメンが好物で、自宅と会社のある四谷から電動自転車で食べに出ることがよくある。いちばんのお気に入りは、港区の西麻布交差点近くにある屋台風の「かおたんラーメン」だ。煎り玉葱ベースであっさりめのスープと細麺が美味しい。

一人メシというと、多忙なスケジュールの中では「とりあえずの満腹」「時間節約の1食」と軽視しがちだ。しかし、一生に食べられるメシの数を考えると1食は1食であり、大切に考え、印象に残る味を体験したくなるものだ。定番リストには一人メシの名店も是非充実させておくといい。多忙なときほど、咄嗟に良い店など思い浮かばないからだ。

この「かおたんラーメン」には昼の混雑時を避けて午前中にお邪魔することが多いのだが、たった1食で、さして楽しくなかった日も、いい一日だったように思えるから不思議だ。

もう一つの楽しみ方は、外食を家族のイベントにするという方法だ。イベントには3つのスタイルがある。

①旧交を温める

家族である街の店に食事に出かけるとしよう。もし近くに久しく会っていない友人が住んでいるなら、その友人家族を食事に誘ってみるのもいい。友人宅に遊びに行くとなると車を止める場所はあるか、相手の奥さんに気を使わせはしないか……等々、気苦労が少なからずあるが、店でなら気安く会える。美味しい料理と久々に交わす楽しい会話で、まさに一石二鳥である。

②人気店を攻略

大前家では話題の店での食事を楽しむというイベントを行なっている。例えば築地などの魚市場には安くて美味しい寿司屋があるが、いつも行列ができている。近くに勤務していたり、住んでいないかぎり、なかなか利用できない。そこで、土曜日に早起きをして家族で食べにいってみよう。我が家でも年に数回は早朝5時起きして、築地の市場に繰り出し、「大和寿司」に並んでいる。どこか遠足気分に似て、前の晩からうきうきするものだ。

③日帰りグルメ旅行

休みの日に、近郊の美味しい店を目指して、家族で日帰りのグルメ旅行をしてみるのも楽しい。東京に住んでいるなら、横浜あたりなら電車で行けるし、房総でも高速道路を利用すれば都心から2時間かからず、行き帰りに快適なドライブも楽しめる。

つまりレジャー施設で遊んだり、ショッピングをしたついでに外食するのではなく、目的を「うまい店で食べる」だけに絞って小旅行を企画するのである。「食」を中心に考えると旅行プランはいくらでも考え出せる。早めの出発と帰宅を心掛ければ渋滞に巻き込まれることもなく、都心の高級料理店に行くより安くすむ。天気のいい週末に気分をリフレッシュするのに最適な家族イベントだ。

最後に、家での食事について注意点を述べよう。よく自分が外食をして「これは美味しい」という料理があると、妻をその店に連れて行き、「今度、これを家で作ってみたら」と提案する夫がいる。あれはやめた方がいい。

家での食事は妻の定番メニューにする――これが妻にストレスを与えず、夫婦関係を円満に保つ秘訣である。私自身、自宅で妻の手料理を食べるときは、「あれが食べたい」「これが食べたい」と注文をつけず、妻の得意料理に任せることにしている。ちなみに定番メニューは、カレーや各種のシチュー、豚汁である。いずれも外食で私が口にすることのない料理だ。ある店に何度でも食べたい料理があるとそこがお気に入りの店になるように、自宅でも定番メニューができると食事はぐんと楽しくなる。

外食と家庭料理それぞれのメリットを理解し、メリハリをつけて楽しもう。食事は一生を豊かにし、家族の絆を深める大切なイベントなのである。

「ブルーマンデー」を撃退する週末時間配分術

日曜日の夕暮れ時から次第に溜め息が多くなり、翌朝、沈鬱な面持ちで会社に向かう――。「月曜日の憂鬱」はサラリーマンの天敵だ。どうしたら爽快な気分で月曜日を迎えられるのだろうか？　そのカギを握るのが土日の時間配分だ。

まずはブルーマンデーを撃退するための、週末のスケジューリング術を提案しよう。

①週末のオフは金曜の夜から始めよう

アメリカでは金曜の夕方から夜にかけて「ＴＧＩＦ」という言葉が飛び交う。Thank Godness! It's Friday. の略で、本来は１週間を無事に過ごせたことを神に感謝する言葉だ。

このフレーズの使われ方が実に面白い。基本的に「１週間お疲れ様！」という意味で使われるのだが、加えて、仕事を終えてオフィスを出るとき同僚に投げかけるTGIFは「よい週末を！」といった意味に。上司から残業を頼まれたときに笑顔でTGIFと答えれば、残業を断わる婉曲表現に。帰宅前にバーで同僚や友人とお酒を飲むときは「乾杯！」の意味に。また仕事で出す電子メールの末尾に書けば、「今週送る最後のメールです」というメッセージになる。要するに、「今週の仕事はこれにて終了しました」というメッセージを気軽に表現する言い回しとして重宝がられているわけだ。

このように、アメリカ人にとって週末のオフは金曜の夜から始まる。だから、同僚や友人とお酒を飲みに行く場合も1時間程度で切り上げて帰宅する。ニューヨークのグランド・セントラル駅にある有名なオイスターバーも、7時半頃までがピークで夜8時頃にはほとんど客がいなくなる。また土日を行楽地やセカンドハウスで過ごす人は、金曜のうちに家を出る。こうすると土曜日の朝からオフを満喫できる。

日本にも「ハナ金」という表現があるが、TGIFとは似て非なるものだ。翌日が休みだという気楽さから、ついつい深酒してしまう。その結果、土曜日は二日酔いで半日を棒に振り、テレビを観ながらゴロ寝していた、などということになる。金曜日の夜に羽目をはずしすぎて、土曜日を台無しにしているのだ。

②体力を要するレジャーは土曜日に楽しみ、日曜日は心も体も完全オフに

30歳を過ぎたら、お金と時間を投資して意識的に体を動かすようにしないと、健康は保てない。市民グラウンドや体育館、市民プールなどを活用して、テニスや水泳などをしたいところだ。私はオフロードバイクやスノーモービルをもっぱら土曜日に楽しんでいる。仕事絡みで毎週ゴルフをしている経営者たちも、日曜日を避けて土曜日にしている場合が多い。日曜日にスポーツをすると、疲れが月曜日に残ってしまうからだ。

体を酷使するイベントは極力土曜日に集めたい。また旅行やテーマパークでの日帰りイベント、ショッピングや友人との会食など、人疲れ、気疲れする予定も同様だ。

私はマッサージ、散髪、巻き爪の治療のためのネイルサロンといった〝癒し系〟の楽しみは、できるだけ日曜日に集中させている。また電動自転車で都心をサイクリングすることも少なくないが、車も人も少なくて快適だ。風を受けながら空いた道を走るのは気分がいいし、ときおり自転車を止めて草木を眺めていると心が和む。

③オフは日曜日の夕食で終え、夜から仕事に備えよう

心身ともにリラックスし、夕食と入浴を済ませると、いよいよ日曜日の夜だ。

この時間帯になると、月曜からの仕事のことが頭をよぎるようになる。「まだ日曜日なんだから」とテレビを観たり、本を読んだりしてはみるが、集中できない……。

日曜日の夕食後までオフとして過ごそうとするのは、そもそも無理があるのだ。この時間帯に仕事のことを考えてしまうのは、サラリーマンとしてごく自然なことだからである。

それならいっそ開き直って、週末のオフは日曜日の夕食や入浴で終了してしまおう。土曜日から1泊の小旅行に出掛けるような場合も、日曜日の夕食前には帰宅する。そして、夜は月曜日からの仕事の準備時間に当てよう。

といっても、企画書の作成や伝票整理など実際的な仕事をするのではない。そんなことをしたら100％仕事モードに入り、今度はなかなか寝付けなくなってしまう。

有効なのはスケジュールの確認である。翌月曜日から1週間の、あるいは月初めならば向こう1か月間のスケジュールを確認し、頭の中にたたき込んでおく。そうすると、どういう手順で業務を処理しなければならないかが自然とシミュレートでき、月曜日の朝一番に着手すべき作業も明確になるから、1週間の仕事がスムーズに進む。仕事の生産性が高い人は必ずといっていいほどスケジュール管理がしっかりしている。

また、その週に予定されている会議などで、どんな提案・発言をするかなどを構想するのも効果的だ。つまり個別の仕事に関する心の準備である。

私の場合はもう一歩踏み込み、日曜日の夜のうちに自分の提案に反対する可能性がある人に宛てて議案の提案理由や狙いを説明し、「何卒ご理解、ご協力のほどよろしくお願いします」と一文をそえたメールを発信している。月曜日の朝一番にそのメールを読んだ相手は、発信日時が日曜日の夜であることに気づき、その熱意を感じ取り、強硬な反対はしなくなる。それが人間の心理というものだ。

こうして日曜日、寝る前の1時間ほどに翌日からの仕事のバイオリズムを先取りするだけで、気持ちはオフからオンへと切り替わっていく。いわば、月曜日から仕事を再開するためのリハビリである。リハビリ時間を経ることで、月曜日の朝、体も心も爽快な状態で会社に向かえる。

以上3つの提言のとおり、週末の過ごし方は、1週間全体の流れのなかでそれぞれの曜日の役割を明確にしながら考えていくべきだ。

土曜日の朝から日曜日の夜までが週末のオフといういままでの常識を捨て去ろう。金曜日の夜は土日を満喫するための助走期間、土曜日は体を動かし日曜日は心身を休め、そして日曜日の夜は月曜日からの仕事に精力的に向かっていくための助走期間とすることで、月曜日の憂鬱は目に見えて解消できるだろう。

休日を台無しにする〝3つの失敗〟解決法

オフを楽しむには、あらかじめスケジュールを立てておくのが一番だ。

こうしておけば、休暇間近になって「ホテルに空室がない」などと慌てることもない。そして、仕事で辛いことがあっても、「週末になれば思いっきりバイクに乗れる」「夏休みには旅行に行ける」「だからそこまで頑張るぞ」と、発奮材料にもなるだろう。週末に楽しい予定が入っているのとないのでは気分が全然違う。

ところが、オフの予定を立てられない、あるいは立てても実行できない人がほとんどではないだろうか。こうなってしまう理由は明白だ。オフタイムが仕事に浸食されているのだ。

そこでオフを仕事から守る実例と対処法を紹介しよう。

①「**またお電話します**」**は時間のムダ**

オフを楽しむ気持ちを萎えさせ、その時間を奪うビジネス・シチュエーションの一つは、仕事相手に大切な用件を伝えられないまま就業時間を終えてしまう場合だ。

――Aさんは仕事を終え、話題の映画を観ていた。ところが、いまひとつ映画に集中できない。取引先の担当者がつかまらず、気になっているのだ。先方の携帯電話には「ご検討をお願いしております件でお電話いたしました。またご連絡します」と留守電を残しておいたが、まだ連絡がとれない。映画が終わったら、また電話しなくちゃ……。

オフタイムを台無しにする、悪い留守電メッセージの典型である。用件と、自分が導きたい結論をきちんと伝えておかないと、何度も相手に電話をしなければならない。

メッセージに用件と結論を残しておけば、気持ちは断然ラクになる。先方も「それで結構です」というようにこちらの留守電にメッセージを残せる。こうすれば仕事ははかどるのだ。

また、せっかく連絡がついた相手に、「詳しくは今度お会いしたときに」と電話でアポだけ入れて安心しているのもダメな例である。実際に会うまで懸案が解決されないばかりか、そのおかげで玉突き的に他の仕事が先延ばしにされてしまう。会わずにすむことは電話で決めてしまい、資料に目を通してもらう必要があるなら、事前にメールやファックスで送ったうえで話をすればいい。

②1つの懸案に3つの答えを用意する

2番目のシチュエーションは、自分の企画や提案が否決されたらどうしようと四六時中心配している状態だ。

——週末、家族とハイキングに出かけたBさんは、楽しそうにお弁当を食べている子供たちを眺めながら、溜め息をついていた。金曜日の社内会議で提案したプランが通るかどうか、気が気ではないのだ。結論が出るのは月曜日だ。もしNGになったら、また一からやり直しだ。2週間もかけて作成したプランなのに……。

社内での提案にせよ取引先との交渉にせよ、最善のプランを提出するのは当然だ。しかし、そもそもプランを1本しか用意しないというのは、それ自体準備不足というべきであり、精神衛生上もよくない。

そこで処方箋だが、第1案と同時に、それが通らなかった場合に備えて、第2、第3の案も用意しておきたい。これなら、第1案の行方に必要以上にやきもきすることもなく、平静でいられる。

③早朝に雑務をこなし効率アップ

人と会う仕事に忙殺されてデスクワークがおろそかになり、残業や休日出勤をしてしまうのも、しばしば見られる状況だ。

——今度の夏休みに2泊3日の旅行に出かけようと思っていたCさんは、旅行会社にキャンセルの電話をしようか迷っていた。このところ取引先とのアポが立て込んだのでデスクワークの時間がとれず、夏休みに入った数日間で残務処理をしないと落ちつかないのである。

だが、妻も子供たちも楽しみにしていただけに、中止を伝えるのは辛い。仕事と家庭の板ばさみにあい、内憂外患状況に陥っている……。

いくらアポが立て込んだといっても、朝から夕方まで何日間にもわたってまったく空き時間がないという状況はありえない。

私は毎朝5時に起床すると、9時に出社するまでの間に、自分ひとりでする仕事をすませてしまう。夜中に海外から届いていたメールに返信する、クリッピング・サービスで送られてくる情報を読む、書類整理をする、社員から上げられてきた書類を決済するといった仕事だ。

出社前にこれらを終わらせておくと、職場での時間をスタッフや社外の人との打ち合わせ、会議、交渉などひとりではできない仕事にフルに当て、夜の時間は大事な人との食事や映画鑑賞、コンサート、観劇などに使うことができる。私の場合、自宅と会社が同じビル内にあり、通勤時間がゼロなのでこれが可能だ。また、週末でも朝の過ごし方は基本的にまったく変わらず、オフの活動に入る前に仕事を終えてしまう。したがって月曜日に出社したときには仕事の積み残しがない。

通勤に一定以上の時間がかかる場合は、朝6時から仕事をするのは難しいが、多少早めに出社し、電話がかかってこない、自分にとって優先順位の低い仕事を上司から命じられることもない、部下に相談を受けることもない早朝に自分一人でする仕事に着手し、集中して午前中にすませてしまう癖をつけるのである。同じ仕事でもバラバラに進めるより集中してすませた方が、効率は格段にあがるものだ。

よく「エンジンがかからない」とばかりに、午前中を漫然と過ごすサラリーマンがいる。そうすると、午後のコアタイムは人と会う仕事に取られ、情報収集や書類の整理といった仕事が残り、それを処理するために残業を余儀なくされてしまう。

Cさんの事例もそうだが、最近は自宅にもパソコンを持つのが当たり前になりつつあるので、会社に行かないまでも自宅がオフィス化し、事実上の休日出勤になっている場合もある。自分のペースで仕事ができる在宅業務は便利な反面、ダラダラ仕事を助長してしまう要因にもなる。

これでは限りなく仕事に浸食され、オフタイムがどんどんやせ細ってしまう。

以上、3つの事例と処方箋を念頭に置き、オフタイムとオンタイムの境目を明確にしてほしい。オフを潰される原因の多くは、仕事のやり方のマズさにあるのだ。

時代小説は敗者の物語こそ人生の糧となる！

読書を楽しむのにもコツがある。読み方を誤ると、貴重なオフの時間を棒にふることになってしまう。

サラリーマンの読書といえば、ビジネス書と歴史・時代小説が王道だ。両者を味わうコツをまずは紹介しよう。

ビジネス書の魅力は、未知の知識やノウハウを吸収したり、仕事に対する自分の姿勢を見つめなおす機会となることだ。２００１年に出版された『ジャック・ウェルチ　わが経営』――ＧＥ（ゼネラル・エレクトリック）のジャック・ウェルチ前会長兼ＣＥＯが自らの経営哲学を綴った書――は、非常に質の高いビジネス書だといえよう。

ここで注意したいのは、「最初から最後まで読み通そう」などと考えないことだ。ビジネス書はまずは目次、前書き、後書きに目を通して本のテーマや全体像をイメージしたうえで、章タイトルや小見出しに注意しながら本文の斜め読みを始めるのがいい。イメージをつかんだ上で読み進めていくと、最も重要なポイントが書かれたページにさしかかった途端に自然と手が止まる。役立つと思った部分は保存し、再び斜め読みに戻る。これが一番効率的な読み方である。

以前私は、ユニクロを展開するファーストリテイリングの柳井正会長兼CEOが創業から現在までの歩みを記した『一勝九敗』を読んだ。この本でいえば、核となるのは柳井氏が23か条の経営理念について解説した一番最後の部分である。ここを中心に読めば、この本のエッセンスは理解できる。

1冊のビジネス書を読むのに費やすのは1時間が目安だろう。4時間も5時間もかけて最後まで同じペースで読むと、かえって読みどころがどこだったかがわからなくなり、読後感も散漫になる。仕事関連の本は、不真面目に読むぐらいの方がいいのだ。

歴史・時代小説など歴史関連の本の場合は、誰を描いた作品かを意識して選ぶことをお勧めしたい。織田信長、豊臣秀吉、徳川家康といった戦国武将や、坂本龍馬、勝海舟、吉田松陰といった明治維新の志士などが人気だが、あまり実りがあるとは思えない。

こうした本の魅力は、歴史上の人物たちにまつわる物語を通して彼らのパワーや人生観を吸収したいという欲求を満たしてくれることにある。しかし戦国武将や維新の志士たちの大半は勝者である。だから読後、「昔の日本人はすごかった」とノスタルジーに浸ったり、「同じ日本人として俺も頑張ろう」と翌日には忘れてしまう程度の奮起をして終わってしまうことが多い。

じつは、敗者や非主流の人々の物語にこそ、乱世を生きるうえで示唆に富んだ記述が多い。私の好きな人物はその代表格である徳川幕府の幕臣・小栗忠順《ただまさ》である。忠順は日米修好通商条約批准交換のための遣米使節を務め、後には外国奉行や軍艦奉行などを歴任、大政奉還に反対して最後は新政府軍によって斬首された人物だ。また幕末の激動期に最後まで武士道を守り通し、官軍と激しく戦った越後長岡藩の河合継之助なども好例である。継之助を描いた時代小説には司馬遼太郎氏の『峠』などがある。

以上がビジネス書や時代小説を楽しむコツだが、こうしたジャンルに耽溺しているサラリーマンに是非とも勧めたい読書は、哲学書と自然科学書だ。

私は高校時代にソクラテス、プラトンを始めとする西洋哲学の古典を、大学と大学院時代にはファラデーの『ロウソクの科学』、ダーウィンの『進化論』を始めとする自然科学書の古典、量子力学、生命科学、原子核などに関する文庫本をすべて読んだ。特に古典は、比較的平易な言葉で論理的思考と科学的態度の重要性を説いていて、専門外の読者にとっても楽しめる。

たとえば、プラトンの描くソクラテス（『ソクラテスの弁明』など）は相手と対話し、質問を重ねることによって徐々に真実に迫っていく。また、種々の自然科学書が教えてくれるのは、ある主張は実験によって検証されない限り仮説にすぎず、真実とはいえない、ということだ。

こうした論理的思考と科学的態度は、私が問題解決能力（つねに論理を重んじ、全体像を把握して真の問題点を抽出し、その解決のために躊躇なくメスを入れる能力）というビジネス能力を提唱するうえで礎となった考え方だ。社会や企業環境が激変すると、今までとは違う処世術や人生観の類いを求めがちだが、本当に必要なのはむしろどんな状況でも変わることのない生きる姿勢だ。哲学書や自然科学書は、この根本の部分を考えさせる刺激に満ちている。

実際、欧米のビジネスマンは学生時代に哲学と自然科学の古典に親しみ、それが彼らの生き方の姿勢や教養の基礎となっている。古典は「生きる基礎体力」を身につけるにはうってつけなのである。

もしも週末に自宅でじっくりと腰を据えて読書に取り組むなら、哲学と自然科学の古典に挑戦し、ビジネスと人生に対する根本的な態度を学んでほしい。

一方、雑誌に関しては、乱読こそ醍醐味である。私自身、書店の雑誌コーナーをチェックしたり、美容室に置いてある雑誌を読み、気になる記事があったときは購入している。グルメ系と旅行系を中心に、目を通す雑誌の数はかなり多い。

こうした雑誌から、おもに美味しい店や穴場の旅先などの情報を得ている。オフを充実させるためには、やはり雑誌からの情報は欠かせない。

雑誌のメリットはもうひとつある。それは、世の中の動向を理解できることだ。私は書店で若者雑誌や女性誌を手にすることがある。「自分と遠い人」、つまり年齢の離れた若者や女性が何に興味を持ち、何を考えているのかが伝わってきて面白い。

こうして本や雑誌と向き合うことで、家族とのコミュニケーションも豊かになる。たとえば自分の子供が何かに悩んでいるとき、哲学や自然科学の古典を通して体得した人生に対する態度を話すことができる。子供の相談に乗る際に問われるのは、自分のなかに強固な人生観があるかどうかなのだ。

また、若者雑誌から得た情報を子供との会話のネタにすることもできる。「お父さんだってそんなこと知ってるぞ」というアピールではなく、「なんで○○という歌手は人気があるんだ？」「ＰＳＸはＰＳ２と具体的にどう違うんだ？」と問いかけることから、雑談は意外と盛り上がるものである。

〝ひとりの時間〟を生産的に過ごす書斎活用術

普段の生活のなかで、ひとりになれる時間をどれだけ持っているだろうか。風呂やトイレに入っているときぐらいだとしたら、ライフスタイルを立て直したほうがいい。それほど、ひとりの時間を持つことはとても大切なのだ。そこで、自分の生活を自分でプロデュースするために、ひとりの時間と空間をいかに作るかについて提言しよう。

ひとりの時間、といっても、何も考えずにボーッと過ごすことを指しているわけではない。仕事やプライベートについて誰にも邪魔されることなく思いを馳せる時間こそが貴重なのだ。たとえば、

「子供に小学校受験をさせるかどうか」

「親が寝たきりになったとき、介護をどうするか」

「一向にリフレッシュできない週末の過ごし方をいかに改善するか」

「老後に向けてどんな生活設計を立てるか」

「いま担当している仕事を半年先にどういう状態に持ち込みたいか」

などなど、じっくり腰を据えて考えてみたいテーマは少なくない。こうした事柄につい

て場当たり的ではなく、より根本的なアイデアを得るための「知的生産の時間」を持たないでいると、いつの間にか目先の問題を処理することに忙殺され、気づかぬうちに受動的な毎日を送ることになってしまう。これでは、小さな問いに対する小さな答えは出せても、大きな問いへの大きな答えが出せない。

私もこれからの仕事の方向性を考えたり、コンサルティングのアイデアを練ったり、本や講演の構想を立てるとき、あるいは今後の人生設計を見直したりするとき、必ずひとりになる。いきなり仕事のパートナーや家族と話さずに、まずは自分ひとりになってじっくり考える時間を確保しているのだ。

この種の時間は、毎週決まった曜日、決まった時間帯に設けるようにしたい。スケジュールに組み込まないと、どうしても日々の些事を優先してしまいがちになるからだ。月に1度でもいい、ひとつのテーマをじっくりと考える癖をつけよう。

次に、ひとりの時間をどこで過ごすか、についてだ。

以前、蓼科に山荘を建てたとき、2階に大きなベランダを作った。山荘で過ごす週末、木々に囲まれながら思索にふければ、もっといいアイデアが生まれるのではないか、と期待していたが、これが大間違いだった。天気がいいと陽光が眩しくて仕方がない。サングラスをかけることにしたのだが、どうにも落ち着かない。サングラスをかけると頭の回転が鈍る気がするのだ。

そこでベランダとは反対側の、あまり日の当たらない場所にウッドデッキを作り、簡単な机と椅子を置いてみた。木漏れ日がゆらめく気持ちのいいスポットである。ところが、やはり集中できなかった。つい雲の流れが気になって空を眺めてみたり、遠くで鳥の鳴き声が聞こえると耳をそばだてたりしてしまう。

この経験でわかったのは、リラックスするのに適した空間と、集中してモノを考えるのに相応しい空間は異なる、ということだ。緑が見える空間は精神的な疲れを癒すのにはいいが、根を詰めて考えようとすると意外に集中力が削がれてしまうのである。

以来、私は「知的生産の場所」――オフィスの執務室と自宅の書斎――には徹底的にこだわるようになった。まずロケーションだが、よくいわれる「書斎は穴蔵のような空間にしたほうがいい」という指摘は正しい。部屋の中に入ってくる自然光が強すぎると、どうしてもモノが考えにくくなる。散歩にでも出かけたくなってしまうのだ。そこで執務室でも書斎でも、デスクは窓から離れた場所に置いている。

もう一つ、工夫がある。部屋に置く物と、それらの配置だ。オフィスの執務室にはコの字型のデスクを配して、モノを考えたり書いたりするスペースと、ファイルを並べるスペースと、パソコンを使うスペースに分けている。デスクの上にある置き時計やペン立て、壁に飾る絵や写真、窓枠に置く小物類はすべて、常に同じ場所にある。といっても、ペン立てに差しているボールペンなどは一度も使ったことがない。絵画にしても、眺めることはほとんどない。要するに、決まった物を決まった場所に置いて、椅子に座ったときに全体としていつも同じ風景が見えるようにしてあるのだ。

実は私の執務室は、マッキンゼー・アンド・カンパニーの日本支社長だったときに使っていた部屋をほとんどそのまま再現したものである。つまり25年間、同様の仕事部屋を使いつづけているわけだ。

毎日同じ風景を見ながらビジネスのアイデアを考えているうちに、支社長室の椅子に座ると頭が自然と思考モードに入るようになっていた。それでマッキンゼーを退職する際にデスク、椅子、ファイル棚、絨毯などを一式もらい受け、オフィスの一室で再現したのだ。

また、ペン立てや絵画もマッキンゼー時代からのものである。自宅の書斎も細かな点は異なるものの、オフィスの執務室とほとんど同じ作りにしている。これまでにオフィスも自宅も何度か引っ越しているが、書斎の作りはこの何十年間まったく変えていない。おかげで細かいことに気をとられることなく、思考に耽ることができている。

つまり、ひとりの時間を使ってじっくりと思考をするためには、次の3つに留意すればいい。

①ひとりになる時間を、スケジュールに組み込んで習慣化する
②リフレッシュのための空間と、思考のための空間を使い分ける
③そこに身を置くと集中してモノが考えられるという場所を作り、定番化する

③をクリアするには、自宅に書斎を持つのがベストだが、それが無理でも諦めることはない。

まずは自分の車の中だ。特に夜なら静かだし、ハンドルを握らなければ、考え事に集中できる。椅子も比較的座り心地が良いので、30分～1時間いても疲れない。

車がなければ、家の近所や会社の帰り道に、雰囲気のいい静かな喫茶店やバーを見つけてみてはどうだろう。毎週決まった曜日の決まった時間に訪れ、同じ席に座り、同じものを飲みながら思索にふけってみるのである。いつも同じ席が空いているとは限らないから、こうした店を2～3軒キープしておくといい。

あなたも『釣りバカ日誌』のハマちゃんになれる

中高年になると盛んに同窓会が開かれるようになる。

昔の仲間に会うのは確かにある意味では楽しいかもしれない。多感な青春時代を共に過ごした仲間だけに、卒業以来、20年、30年振りの再会であっても一瞬にして昔の関係に戻れる。仕事の利害関係もないから気楽でもある。

だが、私はどうも同窓会というものは苦手である。卒業した小、中、高の同窓会が毎年のように開かれているらしいが、ここ20〜30年はほとんど顔を出していない。

なぜなら、同窓会ではなんだかんだいって結局は昔話ばかりになるからだ。

「あのころはお前は悪《ワル》だったよな」「今だからいえるけど、実は……」といった話で盛り上がる。感違いしてほしくないが、昔話がダメだというのではない。しかし、同窓会の度に同じ話ばかりになってしまうと、過去にしがみついているようでやりきれなくなるのだ。

もちろん、同窓会には出なくても、いまだに付き合いが続いている同級生は何人もいる。だが、それは同級生だからだというよりも互いの人生観や趣味が一致していたり、相手の生き方が魅力的で、刺激も受けるからである。彼らとは一生の友人でいられると確信している。

ところで、こうした学生時代の友人を除けば、サラリーマンの場合、交友関係というのは極めて狭い枠の中に限られてはいないだろうか。ましてや家族ぐるみの付き合いとなると極めて限られてくる。私は複数のビジネスマンからこんな悩みを打ち明けられたことがある。

「会社の同僚とは本当にうまくやっていたし、親友だと思っていた。飲みに行くのも、マージャンやゴルフに行くのも一緒でお互いの家庭の愚痴なんかもこぼしあう仲だったのに、異動したとたん、ぱったりと疎遠になってしまった。彼との関係は何だったのか……」

会社の同僚というのはライバルでもある。どうしても利害関係などが微妙に関係しているから心底、自分のことはさらけ出せない。ついつい相手に合わせて表面的な付き合いになってしまう。ストレスもたまる。私がアフター5や週末は会社以外の人間と付き合うべきだと主張するのはそういうことも大きく影響している。

そして、こういう悩みを打ち明けるビジネスマンというのは例外なく、仕事以外に身の置き場を持っていない。よく、大企業の管理職だった人が定年になったとたんにお中元、お歳暮、年賀状の類いが激減して呆然となったという話を聞く。

そのときになって愕然とするよりも会社にとらわれない一生の仲間を見つける努力を今から始めてはどうだろうか。

私は多趣味な人間であると自負しているが、その趣味の世界で知り合った仲間たちというのは、肩書は一切関係なし。私の趣味の一つであるオフロードバイクの仲間は工務店の職人さん、新聞配達人、寿司職人……とこれが見事にバラバラ。サラリーマンなどほとんどいない。

彼らを見ていると人生充実している、と実感する。仕事は仕事で一生懸命やるけど、一歩オフになったら180度切り替えている。こんな時代だから、結構大変そうだが、そんなことはおくびにも出さない。

とにかく明るくてバイクにも真剣。しかも、うまい。主導権を握る人は会社の名前や肩書でもなく、バイクの腕がいいやつ。シンプルだ。だから、みんな自分を素にすることができるし、利害関係のない友人関係が作れるのである。

だが、気を付けなくてはいけないルールがある。あるビジネスマンがバイクの会に参加したときのことだ。バイクを降りて、みんなで酒を酌み交わしながらバイク論議に花を咲かすのが常なのだが、そのビジネスマンは、

「大きなプロジェクトを任されているから仕事が忙しくて、忙しくて……」と延々と自慢話を始めた。もちろん、場は白けるし、そのビジネスマン氏もみんなの反応が冷たくて居心地が悪かったのか、それ以降来ることはなかった。これは失格だ。趣味というものは時間を作って余裕を楽しむべきところである。そのオフの仲間の中に入ったら決して仕事の話をしてはいけない。忙しさを自慢したいならこういうサークルに参加する資格はない、ということを肝に銘じてほしい。

多少、危険が伴うスポーツだと互いの信頼感も重要になるために、人間と人間の結びつきは一層強くなる。

例えば、スノーモービル。一つ間違えば命の危険に直結する。誰かとパートナーを組んだとしよう。危ない場所が近づいたとき、私の仲間には「お前、先に行ってこいよ」などというやつは絶対にいない。必ず「俺が先に行くよ」というやつばかり。だから、どこかで事故を起こしたとしてもこいつなら必ず助けに来てくれる、という究極の信頼感が生まれるのである。

そうした仲間と長野や山形あたりの山中で2泊3日、雑魚寝しながら語り合う。決して大した話をするわけではないが、ビジネスマンたちと話をするよりも100倍楽しいし、何より人間としての幅の大きさに触れられる。

若くてもスケールの大きい人間と知り合うこともできる。普段では話せないようなＶＩＰとも対等の関係になれる。いうなれば『釣りバカ日誌』のハマちゃんと社長のような関係だ。

もちろん、別にバイクやスノーモービルである必要はない。もっと手短な趣味でいい。釣りに行って、そこで知り合った人たちと釣った獲物を料理屋に持ち込んで捌《さば》いてもらい、それを肴に楽しく語り合うのもいいし、歌が好きな人なら地元の合唱団などに入り、全く違う環境にいる人たちと歌声を競い合ってみるのもいい。

オフで新たなことを始め、友人を作るということを決めたら、まず大切なのは恥ずかしがらずにその道のベテランに〝弟子入り〟することだ。たとえ、自分より年下であってもその道ではベテランなのだから弟子として技量を学ばなければならない。そして、童心に戻り、ひたすら上手になろうと打ち込むと必然的に上達し、気が付けば同好の士が集まっているはずだ。

社会的立場などにとらわれず、人間対人間の関係でできた友情関係は長続きするものだ。

「脱・ビジネス時計」でストレスを撃退！

じつは私も社会人になりたてのころは、オンばかりのモーレツ人間だった。週末も含めて自宅で夕食をとるのは年に数日あるかないか、という生活が続いていた。

そんな私がオフ、とりわけ長期休暇の魅力や大切さを最初に実感したのは、マッキンゼー・アンド・カンパニーの東京事務所長になる前、30代前半のことだ。当時は入社4年目に出版した初めての著書『企業参謀』が大きな反響を呼び、コンサルティングの依頼が殺到し、一方で全国各地を講演で飛び回るようになっていた。ほとんど休みを取らず馬車馬のように働いた結果、過労で体調を崩してしまった。冬に入ると喘息を併発し、クライアントへのプレゼンテーションのときに声も出せなかったほどである。

健康を取り戻すには会社を辞めるしかないと思い、当時のアメリカ人支社長に相談したところ、長期休暇を取るよう薦められた。辞めるかどうかはその後に決めろ、というのである。

私は年末年始をはさんで3週間の休暇を取った。それまでの私には考えられない日数だが、「どうせ辞めるんだから」と開き直ったのだ。そのうちの2週間、支社長から「珊瑚が死ぬほど見られるぞ」と教えてもらったパラオに妻と2歳になる長男と一緒に出かけた。

当時のパラオはグアムとの間に週3便ほど飛行機の往来があるだけ。飛行機が来ると物珍しさから島の人が空港に見物にくるほどのんびりしていた。そんな牧歌的な土地で、海に潜って魚を捕っては浜でそれを焼いて食べ、椰子の実を割って果汁で水分を取り、浜に寝転がってボーッとするという生活を始めた。私たちをスノーケリングスポットに連れていく船頭も、「何時までに船に戻れ」などと急かさない。スノーケリングに疲れたら戻ればいいし、まだ潜っていたければいつまででも待ってくれる。ホテルの部屋では仕事関係の電話が鳴ることもなく、テレビもないし、新聞もなかった。

すると滞在5日目、浜で寝そべっていたときに突然、体のなかで「コトン」という音がした。自分を支配する時間感覚から解放された瞬間だった。日本にいたときはそれこそ分刻みでスケジュールをこなしていたのだが、その「ビジネス時計」が止まり、「あと何回夜を越したら」という大雑把な感覚で時間を把握する「オフ時計」に切り替わったのだ。そのころには妻に「私たち、いつ日本に帰る？」と聞かれると、「あと5〜6回寝てからじゃないのかな」などと答えていた。気がつけば、日本で抱え込んでいたストレスもきれいに消え去り、喘息も出なくなり、体調も回復していた。ふだんの生活のなかで分刻みで時間を把握しつづけることが、どれだけストレスになっていたかを身をもって体験した。
帰国後、私は辞職願いを撤回し、再び仕事に邁進した。そして、毎年正月休みにはパラオにダイビングに行き、のんびり過ごした。どれだけ仕事がキツくても、あの珊瑚礁の海を泳ぐカラフルな魚たちを想像するだけで十分だった。オフを頭に描けば頑張ることができた。

週末ごとのオフでも上手に過ごせばそれなりに気分をリフレッシュすることはできるが、時間が短いだけにさすがに「ビジネス時計」から「オフ時計」への転換、つまり「脱・ビジネス時計」を体験するまでには至らない。気分転換をしているようでも体の奥には塵のようにストレスが少しずつたまっていく。それをきれいに掃除するには、やはり長期休暇が必要である。「脱・ビジネス時計」のためには、私が経験したように5日以上つづけてポケーッとして休むことが不可欠だ。

「脱・ビジネス時計」のためにもうひとつ必要な条件は、レジャー施設などなく、あるのは宿泊施設だけ、といった「何もない場所」に自分の身を置くことである。釣りやバーベキューを楽しんだり、長らく読めずにいた本と向きあったり、絵を描いたり、と何もない空間での楽しみ方はさまざまだ。近年、日本でも夏休みなどとは別に1週間程度の休暇を取れる企業が増えてきたが、せっかくそれだけ休めるにもかかわらず、「脱・ビジネス時計」ができていない人が多い。スケジュールを綿密に立て、名所旧跡や話題の場所を慌ただしく巡る観光旅行をしてしまうからだ。

その点、欧米人は「脱・ビジネス時計」休暇の過ごし方が上手い。

アメリカ人の多くは夏休みに入ると、1か月間ほどキャンピングカーで家族旅行に出掛ける。事前には行程の大枠しか決めず、あとは旅先で寝る前に地図を広げ、「明日はどっちに行こうか」と家族で相談して決める。なんとも気ままな旅である。キャンピングカーならホテルの予約もいらない。自分の車に寝ればいいからだ。

そんなアメリカ人に人気の場所は、モンタナ州である。文豪ジョン・スタインベックに『チャーリーとの旅』というエッセイがある。チャーリーという犬とアメリカの50州を旅する話なのだが、その中に「モンタナの空がアメリカでいちばんきれいだ。あの青空を見たら二度と忘れられない」というくだりがある。アメリカでは車のナンバープレートに各州を形容する言葉が添えられているが、モンタナ州は「BIG SKY」だ。ちなみに、ロバート・レッドフォードが監督した映画『リバー・ランズ・スルー・イット』（92年）や『モンタナの風に吹かれて』（98年）などで舞台となったのがモンタナ州である。

モンタナ州にはきれいな青空と渓流以外には何もない。だが、それこそが都会の生活に疲れた人にとっては最上のご馳走なのである。アメリカ人はそうした何もない場所を気ままに旅することで、「脱・ビジネス時計」を実現しているのだ。観光旅行があってもいいし、スポーツで汗を流すのもいいし、子供と一緒に遊ぶのもいい。だが、年に1度は「5日以上」の連続休暇を取り、何もない場所でスケジュールに束縛されずに過ごしてみよう。それが仕事でたまったストレスをリセットし、ビジネスへの活力を生んでくれるのである。

人生で一番大切なのは健康でいることだ。働きすぎて体調を崩してしまっては、楽しい人生も送れないし、いい仕事もできない。サラリーマンの病気はほとんどがストレスや暴飲暴食に起因する「職業病」だ。自分のためにも家族のためにも、「脱・ビジネス時計」で心身を大切にしてほしい。

3章

旅に出よう

旅行プランは「サイバー観光」で探そう

書店を覗いてみると、旅行コーナーは若い女性ばかりで、中高年サラリーマンの姿を見かけることはほとんどない。

だが、旅行に関心や憧れが無いわけではないだろう。『日経おとなのＯＦＦ』『男の隠れ家』『サライ』といった、しばしば旅行特集が組まれる雑誌が中高年男性に支持されているからだ。

実際の旅行に出かける時間的・精神的余裕はないが、「こんなところに一度は行ってみたいな」という憧れの気分にひたりたい――そんな男性諸氏に薦めたいのが、週末に私がインターネットを使って実践している「サイバー観光」だ。

自宅にいながらにして、日本全国、そして世界中どこにでも出掛けられるサイバー観光の味わい方には４つのステップがある。パソコンの脇に日本地図や世界地図を用意して、好きな音楽でもかけながら、さァ、出発だ。

ステップ①いままで行ったことのある観光地や趣味に関わる場所を訪ねてみる

まずは、いままで訪れたことのある観光地をキーワードにしてウォーミングアップだ。「京都」「奈良」「北海道」「沖縄」……などの地名に「旅行」を付け、グーグル（http://google.co.jp/）などで検索すれば、各自治体が運営する観光向けホームページ（ＨＰ）から個人の旅行記が掲載されたＨＰまで驚くほどの数のサイトが見つかるだろう。楽しかったあの旅行が、インターネット上でどのくらい再体験できるか試すもよし、実際の旅行では見落としていた見所や美味しいレストランを探すもよし。きっと、また出掛けてみたくなるような情報と出会えるだろう。

続いてのお薦め検索は、やりたいことやテーマをキーワードにする方法だ。たとえばいまブームの「鉄道」と「旅行」でサイトを探すと、日本全国の鉄道旅行体験記や、廃線跡を巡る旅の記録、車窓からの風景が満載のＨＰなど多彩なサイトがヒットする。同じように「秘湯」と「グルメ」、「古寺」と「老舗旅館」、「釣り」と「日帰り」など思い思いのキーワードを入力して、サイバー観光の目的地を探そう。未知の場所との出会いが時間を忘れさせてくれるだろう。

ステップ②海外の観光地を、ステップ①と同じ方法で訪ねてみる

サイバー観光の強みは、予算も時間も無視して旅行の目的地を決め、観光を楽しめることだ。思い切って海外にも足をのばしてみたい。たとえば、「スペイン」「旅行」と打ち込んでみよう。スペイン旅行の楽しみ方が何通りもヒットする。闘牛を楽しむか、フラメンコに酔いしれるか、サッカー場で声援を送るか、著名な建築に圧倒されるか。

自転車でスペイン旅行をした、現地でフラメンコを習った……国内外を問わず個人の旅行記を読むことは、要するに何人もの友人から旅行の土産話を聞くようなもので、公式ガイドブックからは得られない魅力がある。

予算もお金も無関係の旅行ということは、目的地に際限はないということだ。「万里の長城」「(オーストラリアの)グレートバリアリーフ」「南極」「世界遺産」を満喫したり、あるいは「NASA(米航空宇宙局)」のHP(http://www.nasa.gov/)を訪れ宇宙旅行の可能性に思いを馳せるのもいい。

このステップ①とステップ②がサイバー観光の目玉だ。観光を通じて3つのことを楽しめる。

1つはサイトに満載の豊富なヴィジュアルだ。名刹がひしめく京都や奈良の風景、沖縄の透き通るようなビーチ、あるいはダーウィンの進化論が誕生する舞台となったガラパゴス諸島(エクアドル)、野生動物の宝庫セレンゲティ国立公園(タンザニア)、壮大なシベリア鉄道の旅、伝統ある豪華列車オリエント急行の旅が無数の写真を見ながら楽しめる。

ヒマラヤ登山も、モルジブのスキューバダイビングも、宇宙旅行さえ疑似体験できるのである。

2つめは国内外に暮らす人々の生活に触れられることだ。どんな言葉を話し、どんな服装をし、何を食べ、どんな家に住み、何が流行っているのか。民話や音楽にいたるまで、ありとあらゆる情報がネット内に満ちている。

3つめは英語の上達だ。海外の情報は英語サイトの方が充実している。自分の興味のある旅行先に関することなら、誰に急かされることなく辞書を引きながら観光を楽しみ、結果として英語力の訓練にもなる。

次にサイバー観光の応用編だ。実際の旅行も何か月も前から計画を立てること自体が楽しみの一つだが、サイバー観光でも予算やスケジュールを決めたり、日程を組み立ててみると、楽しみはいっそう増す。

ステップ③予算とアクセス方法、宿泊場所を決める

ステップ①、ステップ②でヒットしたサイトのなかには、個人の旅行記のほか、その場所へのアクセスや周辺のお薦めホテルやレストラン、チケット購入法、料金などが事細かに紹介された情報が載っているものも多数ある。

国内の鉄道の時刻表や乗り換え案内情報が充実している「駅前探検倶楽部」(http://ekitan.com/)など交通機関に関するサイト、国内外の宿泊予約ができる「楽天トラベル」(http://mytrip.net/)などホテル情報のサイト、旅行代理店や航空各社のサイトで旅行資金や所要日数、移動時間を計算してみよう。

ステップ④旅の〝プラン書〟を作成する

ステップ③をもとに自宅の出発時間、現地でのイベントやレストラン、ホテル、時間が余ったら訪れたい場所、そして自宅に戻る日時を移動手段も含めて決めよう。最初は自宅のデスクで浮かんだおぼろげなイメージにしかすぎなかったものが、チャンスがあったらいつでも実行してみたい、自分だけの魅力的なプランへと変身しているはずだ。定年後の旅行プランが期せずして生まれることだってあり得る。

サイバー観光は家族で楽しむこともできる。「来週の週末は何をするか」「夏休みの旅行はどこへ出かけるか」といったお題を出し、それぞれプランを持ち寄るのだ。それぞれがサイバー観光で作成した旅行プランをプレゼンし、オフの計画を決めるのは実に刺激的だ。

「行き当たりばったり」の一人旅に出よう！

東京―沖縄のチケット代が東京―シンガポール間のチケット代より高いことからもわかるように、国内旅行は海外旅行、とりわけアジア旅行と比べて「料金距離」の点で不利だ。しかし国内旅行には、言葉の壁がなく、四季折々の食べ物に恵まれるなどの魅力、特典がある。今回紹介する3つのメンタルブロック（心の垣根）を破壊できれば、国内旅行を存分に楽しむことができるだろう。

ポイント①旅行プランは「滞在型」で

「せっかく遠くまで来たのだから」と名所旧跡や老舗名店を限られた日程のなかで忙しく駆け回るタイプの人がいる。「二度と来られないかもしれない」と思いながら旅行する海外でのことなら、まだわかる。しかし国内旅行なら、気に入れば同じ場所にまた行けるはずだ。旅行ガイドに載っているスポットをすべて制覇する、などという気合いとは本来無関係の肩の力を抜いた旅なのだ。

自分で立てた分刻みのスケジュールに振り回されないためには、「滞在型」のプランを立てるのがいい。

旅行会社の老舗「地中海クラブ」の旅行商品は滞在型の旅をイメージするうえでとても参考になる。同社は世界中100か所以上にリゾート施設「バカンス村」を運営し、日本でも北海道・狩勝高原と沖縄・石垣島にある。バカンス村はいずれも豊かな自然に囲まれ、レストランだけでなくエステやマッサージ、テニスやウインドサーフィン、水上スキー、アーチェリーなど〝村〟の周囲の自然環境を活かしたスポーツが楽しめるなど、各種施設が充実している。

だから旅行客は村の中でのんびりと一日一日を過ごす。当然のことながら、他の客や施設のスタッフと次第に顔見知りになっていき、意気投合して夕食を一緒にとるといった交流も生まれやすい。自分の別荘で何泊か過ごすうちに、同じように別荘を持っている人や地元住民と知り合いになるような感覚だ。

この地中海クラブ方式を国内旅行に取り入れるのだ。旅先では同じホテルや旅館に連泊し、その周囲にお気に入りのレストランや日本酒や焼酎の旨い居酒屋、散策のための森林など、リラックスできる場所を見つける。そして、宿泊施設を中心とした近隣のエリア一帯を自分たち家族にとっての〝バカンス村〟に仕立てて、家族や旅先で知り合った地元の人たちと語らいながらのんびり過ごす(このためには日本旅館やペンションは向いていない。夕食が含まれているからだ。しかもその夕食は毎晩同じもの。これでは旅館が斜陽産業になるのは当たり前だ。やはり2日目以降は「外に出なさい！」くらいの計らいが欲しい)。

こうして快適な旅行ができたらしめたものである。季節を変えて、あるいは翌年の同じ時期にまた同じホテルに泊まり……と続けるうちに、自分たち家族にとっての〝バカンス村〟はやがて第2の我が家になる。

自宅以外に自分たちがリラックスできる場所ができるのは、とても素敵なことだ。たとえば夫婦ともに東京生まれで東京在住でも、第2の我が家があれば、「さくらんぼが美味しい季節になった」「今年の盆踊り大会はいつ頃だろう」「そろそろ紅葉が始まったんじゃないか」など、季節の移り変わりに合わせた旅行プランを立てたり、現地で知り合った家族や、宿や料理店の人たちなどに思いを馳せることもできる。自宅に帰ったあとも旅先の空気を家族で楽しむことができるわけだ。

名所旧跡の探訪に明け暮れるがんじ絡めの旅行プランを「捨てる」ことから始めてみよう。

ポイント②「行き当たりばったり」を恐れない

旅行は「買う」ものではなく「作る」ものだ。はるばる景勝地にやって来たのに、ろくに景色を楽しめないうちに集合時間になると呼び集められる団体客を見かけることがあるが、旅行会社が決めたスケジュールをなぞることに、大きな喜びはあまり感じられないのではないだろうか。

こうした「買う」旅行の対極にあるのが、「行き当たりばったり」旅行である。「あてにしていた旅先のホテルがどこも満室だった」「仕事の都合でぎりぎりまで休暇の日程が決まらず、宿や交通機関の予約ができなかった」などなど、サラリーマンが旅行を諦める理由はいくつかあるが、どれも旅行が買えなかっただけのことだ。こういう人には、まだ「行き当たりばったり」を楽しむという選択肢がありますよ、といいたい。

国内旅行の低迷に喘ぐ旅行代理店は航空会社やJR、旅館やテーマパークなどと連携して、従来は利益率が低いからと敬遠してきた個人向け旅行商品の開発に力を注いでいる。彼らが提供している期間限定の格安チケットやフリータイム宿泊プランなどを買い、とりあえず家を飛び出してみるのも手だ。あるいは鉄道の周遊券だけ購入し、気が向いた駅で下車し、空いているホテルに泊まり、地元の客でにぎわっている食堂に入ってみるのもいい。近くに温泉があるらしいから足を伸ばしてみる――そんな気楽さも国内旅行の醍醐味である。

予定がない旅行は、スケジュールに追われる毎日を過ごすサラリーマンにとってとても刺激的だ。小さい子供連れの場合は難しいが、そうでないなら「偶然」の連続を楽しむ自由を味わってみてほしい。

ポイント③「お土産禁止」の励行

行楽シーズンになると、両手で持ちきれないほどの土産を抱えた人たちが羽田空港や東京駅に降り立つ。この土産物は旅行を楽しむうえで〝天敵〟である。

日本人の場合、旅行の総費用に占める土産物代の割合が外国人に比べて異常に高い。一回の旅行で平均1万円というデータもある。これは旅行者の立場から考えたら、大いに馬鹿げている。

いまどき海外の〝郷土品〟でも、その多くは日本国内にいながらにして通信販売で手に入る。国内のものならなおさらだ。せっかく貯めた旅行代を使って土産を買い、会社の同僚や友人・知人に配るのは、年賀状や暑中見舞いと同様、「出すのも煩わしく、もらってもさして嬉しくない」無意味な儀礼だ。

土産物を買うならば、現地でしか手に入らない、あるいは現地で買った方がはるかに安い「自分が気に入った物」だけに限って買うべきだ。

土産物を買う習慣をやめれば時間もお金も節約できる。よりよいホテルや旅館に泊まったり、より美味しい食事をゆっくり楽しめるようになるのだ。いますぐ周囲の人と「土産禁止」の約束を取り交わそうではないか。

「オフ疲れ」にならないレジャーの鉄則

休日の小旅行といえば、東京近郊なら東京ディズニーリゾートや六本木ヒルズ、三浦海岸、ちょっと足を伸ばしても軽井沢か箱根などだ。

だが、本音では、移動時の混雑を想像してうんざりし、行った先では家族や実家に気を使い、家に戻ったころにはグッタリと疲れ果てている自分の姿が目に浮かんできたりはしないだろうか。

オフの目的は心身ともにリラックス&リフレッシュし、オンへの活力を得ることにあるはず。人気の場所、話題の場所に行くことそのものが目的ではない。目的の「ありすぎる」レジャーは、むしろ仕事の延長上になってしまう。

「オフを楽しんだはずが、逆に疲ればかりが残った」と愚痴をあなた自身がいうようなら、家族も楽しめていないのではないか。混雑の渦中に飛びこむことを、果たして家族は望んでいるのだろうか。日頃忙しい父親と一緒にゆっくり過ごせる時間を作ることがレジャーの本当の目的ではなかったのか。しかも、その疲れはスポーツを楽しんだあとの爽快な疲れと違い、通勤ラッシュにもまれた疲れと同じく不快なものだろう。

本末転倒の「オフ疲れ」を回避するためには、まず「みんなと同じ場所に行かない」ことが大切だ。混雑していない場所に出かけ、そこでゆったりと過ごすのである。

たとえば東京在住者ならば奥多摩方面や近県など、どこか日帰りや一泊の旅行に相応しい場所はないかと探してみてはどうだろうか。インターネットで探せば、自治体が経営する安くて料理も美味い宿が簡単に見つけられる。車を使うのは極力避け、電車やバスでビールを飲みながら、家族と会話を弾ませつつ移動した方が疲れもないし、何倍も楽しい。

「オフ疲れ」に陥らないためにもうひとつ大切なのは、「閉ざされた空間ではなく、開かれた空間で楽しむ」ことだ。

遊園地やテーマパークは周囲の環境と切り離されているから、限られた行動範囲の中で楽しむしかない。また商業施設の周囲にはやはりショッピング関連の店舗ばかりが建ち並び、それ以外の楽しみを見出すのが困難だ。

自治体が運営する公園内のキャンプ場にしても、外国と違ってテントを張っていい場所が規則でがんじがらめに決められている。そのため、花見や花火見物と同様、場所取り競争をせざるを得ないし、周囲に豊かな自然がないので散策を楽しむこともできない。

こうした施設や限定されたスポットなどの「閉ざされた空間」は変化が乏しく、息も詰まり、オフのリラックスした気分を味わうことは難しい。

これと正反対の「オープンな空間」とは、街全体やエリア一帯のことだ。

私は土日に半日ほどの時間ができると、電動自転車に乗って東京の街を走る。好みのコースのひとつは、文京区弥生にある東京大学農学部の脇から台東区の上野桜木あたりまでの言問通り一帯だ。

通りの周囲には天眼寺、王林寺、臨江寺、寛永寺など多くの寺や徳川家墓地のある谷中霊園、有名彫刻家のアトリエを開放した朝倉彫塑館、東大と東京芸術大学の広いキャンパスが広がり、芸大キャンパスの隣には上野公園と上野動物園がある。その先にある上野駅のアメ横の喧噪が嘘のように、街並みは静かで風情がある。

コースの大半を占める根津・谷中エリアには、「この道はどこに続いているんだろう」と、ちょっと入ってみたくなるような脇道がたくさんあるし、ところどころに露店が出ており、美味しい和菓子とお茶を出す老舗の店などもある。せいぜい半径1～2㎞以内なので、ゆったりと歩くのも面白い。実際、この一帯の寺巡りの本も出ており、東京都内では散策に適したエリアだ。エリアごとに楽しめる街歩きの詳細なガイドブックは、東京にかぎらず各地で出版されている。

「オープンな空間」に身を置くことで心はとても自由になる。そしてオフ本来の目的を達成することができるのである。

「みんなと同じ場所に行かない」「閉ざされた空間ではなく開かれた空間で楽しむ」――この2つのポイントを踏まえれば、気軽に小旅行を創り出すことができるようになる。

たとえば路線バスを乗り継いで東京の武蔵野エリア一帯を回る日帰り旅行だ。

思いつくだけ列挙してみると――三鷹・武蔵野の両市にまたがりボートなどが楽しめる井の頭恩賜公園や三鷹市の国立天文台、江戸東京たてもの園のある小金井市の小金井公園、蕎麦で有名な調布市の深大寺、夏はスイレンが見事な神代植物公園、プラネタリウムが楽しめる府中市の郷土の森博物館、立川・昭島両市に広がり子供向けの遊戯施設が充実している昭和記念公園など見どころは少なくない。いずれも緑豊かで、最寄り駅には飲食街やショッピング街もあるのでちょっとした散歩も楽しめる。

あるいは、武蔵野エリアのさらに奥に位置する奥多摩まで足を伸ばす青梅線の旅もお薦めだ。奥多摩は、ここが東京都かと思うくらい美しい山々に囲まれ、空気が澄んでいる。登山を楽しむなら御嶽山、イワナやヤマメ、ニジマスが狙える峰谷川渓流など豊富な釣り場、関東有数の規模を誇る日原《にっぱら》鍾乳洞、そして岩蔵温泉郷など過ごし方は思いのままだ。芋を洗うような海水浴場に行くより、はるかに気分がリフレッシュすること請け合いである。

レジャーの目的である「家族が一緒に過ごし、会話を弾ませる」ことを実現できるなら、綿密なスケジュールを立てる必要などない。通勤時とは違う車窓を眺め、腹が減ったらバスや電車を降り、昼食を兼ねて未知の街を散策するのも楽しい。私も日本中をこうして彷徨《さまよ》った経験がある。東京と神奈川の県境にある陣馬山に登ったときはうろうろするうちに気が付けば相模湖にいた。関西では兵庫の六甲山にふらっと登ったところ、有馬温泉に下りてきてしまった。大阪の古市、河内長野あたりの御陵巡りをして、日本書紀の昔に思いを馳せたこともある。

是非こうした小旅行を試してみてほしい。家族サービスなど必要ない。ともに過ごす時間と対話が必要なのである。

「マイレージ」は最高の〝親孝行ツール〟だ！

私の知人のあるビジネスマンは40歳を超えているが、「親父が生きている間にもっとやりたいことをやらせてあげればよかった。もっと話をしておけばよかった……」と父親を亡くしてから4年経つというのに、いまだに後悔ばかりしている。彼は若い頃から多忙を理由に2年も3年も帰省せず、たまに帰ってもろくに話もしなかったという。

この話を聞いて思い当たる節のある人も多いのではないだろうか。そこで、幸いにも親が存命の人たちに提案がある。それは照れずに親の〝ご用聞き〟に徹したらどうか、ということである。

私は幼い頃から「反省」はしても「後悔」だけはするな、と自分にいい聞かせてきた。だから、30歳頃から、親が亡くなっても悔し涙だけは流すまい、と心に決めていた。

私の父は20数年前、74歳で他界したが、晩年は病気がちだった。父は長崎県対馬の生まれでとにかく海が好きだった。そこで、私が家族とフィリピンやハワイなどにダイビングに行くときには、必ず一緒に連れて行った。行くたびに海を眺めながら穏やかで嬉しそうな笑顔を浮かべ、「ここは対馬みたいだ！」というのを見て心から「よかった」と思ったものだ。

だから、父が亡くなったときは悲しかったが、やるべきことはやったという思いがあったので悔し涙を流さずにすんだ。葬儀のときは、私の好きなモーツァルトのレクイエム（鎮魂歌）を流し、あえて戒名も付けなかった。形式張った葬儀にするよりも、父の記憶を生前の名前で自分自身や会葬者の方々の心に刻んでもらった方が父も喜ぶと思ったからだ。父への最後の〝ご用聞き〟を自分なりに果たしたつもりだ。

母は86歳で今も元気だが、戦争中に青春時代を過ごし、社交ダンスをやりたかったが、思うようにできなかった。父を亡くしてからは毎年のように客船の旅（クルーズ）に出かけ、毎晩のように踊っていたそうだ。北欧を旅したときには、船内でノルウェー人のハンサムバトラーと踊り、さぞかし夢が叶ったのではないかと思っている。今でも年に1回は私の家族と一緒に海外旅行を楽しんでいる。もちろん、国内旅行でも「あの料理店で食事をしたい」といった小さなことに関しても希望を叶えてきたつもりなので、今では「もう冥土の土産はトラック2杯分できた」と笑われるまでになっている。

そうはいっても「親を旅行に連れて行ってやりたいのは山々だが、家のローンもあるし、そうはいかない」という人もいるだろう。だが、諦める必要はない。知恵一つでそれは可能になるからだ。各航空会社が行なっているマイレージプログラムを利用するのだ。

飛行機に乗るたびに航空券の種類や飛行距離に応じてマイルがたまり、一定マイルで無料航空券や提携ホテルでの無料宿泊券などがもらえるサービスだ。ホテル、レンタカー、レストラン、インターネットプロバイダーなど幅広い業種と提携しており、提携会社を利用した場合でもマイルが加算される。また、提携しているクレジットカードを利用してたまるポイントを航空会社のマイルに移行することもできる。

たとえば、東京のビジネスマンが毎月1回、札幌に出張するとしよう。日本航空でも全日空でも、普通運賃で往復航空券を購入した場合、1往復につき1000マイルあまりがつく。提携ホテルに宿泊すれば1泊ごとに数百マイルがプラスされるので、年12回の出張で最低1万8000マイルほどたまる。

家族旅行の代金など大きなものはもちろん、スーパーでの食料品、日用品の買い物に始まり、レストランでの食事代、携帯電話料金、プロバイダー料金、洋服代など月々の生活費も可能な限り提携クレジットカードで支払う。会社の経費を立て替える場合でも可能ならば、そのカードを使う。こうした支払いは気がつけば年に300万円程度にはなるはずだ。そうするとマイルは年間3万マイルだ。先の1万8000マイルと合わせて4万8000マイルにもなる。

どこの航空会社でも、ソウルや釜山ならば1万5000マイル、北京、上海、大連、台北、香港、グアム、サイパンなどは2万マイル、バンコク、シンガポールなどは3万5000マイルで、エコノミークラスの往復航空券と交換できる。これを使えば親を旅行に連れて行くことなど簡単ではないか。

もちろん、旅行に連れて行くことだけが親を喜ばせる方法ではない。もっとも大事なことは「時間の共有」や「気持ちの共有」だ。

私の場合、年のスケジュールを母にすべて渡し、連載を持っている新聞や雑誌、出版した著書はすべて送っている。仕事の内容を理解してもらうためではない。定期的に今の自分の状態を直接、間接に知らせることで、「時間の共有」と「気持ちの共有」を図っているのだ。よく「便りがないのは良い便り」といわれるが、子供が何歳になっても親は子供のことを心配するものだ。

ならば、一般の人はどうすればいいか。最近は多くの人が自宅にパソコンを持っているだろうが、親の家にもパソコンを置き、インターネットに接続できる環境を作る。そして、互いにマイクロソフトのパスポートというサービスに登録し、ウインドウズ・メッセンジャーというソフトを導入する。これを使えば、メール、チャットといった文字によるメッセージや写真の交換はもちろん、音声通話もでき、さらには数千円のビデオカメラを設置すればパソコンがテレビ電話になる（ただし、互いのパソコンのOSがウインドウズXPである必要がある）。

つまり、遠く離れていても、互いに顔を見ながら話をすることができるのだ。これをもっと手軽にやりたいならば、お互いにテレビ電話機能が付いた携帯電話のFOMAを持つことも一つの手だ。

こうした最新のデジタル機器を使えば、簡単に「時間の共有」ができ、たとえ短い時間であろうと「気持ちの共有」が叶うはずだ。

4章

オフのＩＴ活用術

家にいながら趣味友達を増やすパソコン活用術

自宅用のパソコンを持つ人が増えてきたが、仕事以外ではネットサーフィン、電子メールのやりとり、住所録の作成、デジカメで撮った写真の整理といったことにしか使っていないことが多いようだ。そこには、パソコンの持つ一番魅力的な機能であるコミュニケーションが抜け落ちている。

「コミュニケーション機能」とは、1対1ではなく、未知の不特定多数、あるいは特定多数の人たちと、双方向で、議論や会話や情報交換を楽しむことだ。

私は、インターネット・プロバイダー「アット・ニフティ」の中で「平成維新フォーラム」（GO　HEISEI）という電子会議室を主宰している。ここでは1000人の会員が、ビジネスや政治、経済を中心にさまざまなテーマについて自分の意見を書き込み、他人の意見に対する賛成・反対意見を交わしたり、新たな問題提起をしている。

会員は年齢、性別、職業もさまざま、住んでいる場所も日本全国に散らばり、さらには海外在住の人もいる。自分の都合に合わせて自由に意見が書き込めるから、時差もネックにならない。どこに住んでいても、出張中や旅行中であっても、インターネットに接続できる環境にあれば、参加できるわけである。

実際に人に会うとなると、仕事でも1日に5人程度が限界だ。ましてやプライベートはそれぞれの都合があるから、一挙に集まれるのは1人か2人がせいぜい。だが、ネット上ならば桁違いに多くの人とコミュニケーションができる。「平成維新フォーラム」の場合ならば、1000人の人と意見・情報交換することが可能なのである。

私はフォーラムのほかにも、自社開発した遠隔授業用ソフトを使ってＭＢＡ（経営学修士）取得コース（ボンド大学経営大学院と提携したコースと、自分自身が学長を務めるビジネスブレークスルー大学院大学の2校がある）や経営者向けの研修会議室を開いている。フォーラムと合わせると、意見交換している人数は3000人を大きく上回る。多くの人からあらゆることを学び、自分の意見を磨いているわけだ。これこそパソコンの醍醐味である。

ネット上には趣味をテーマにしたフォーラムが溢れている。アット・ニフティだけを見ても音楽、映画、小説、車、バイク、旅行、釣り、サッカー、野球、将棋、囲碁……と、さまざまな趣味についてのフォーラムが開かれている。またプロバイダーが用意しているフォーラムに限らず、ヤフーを始めとするポータルサイト（インターネットの入り口的な役割を果たすサイト）はもちろん、一般の趣味サイトにも簡単な掲示板（ＢＢＳ）が設置されていることが多いので、参加してみるといいだろう。

なにしろこうしたフォーラムや掲示板に参加しているのは同好の士ばかりだから、話が盛り上がらないはずはない。1曲だけヒットを飛ばした後は泣かず飛ばずになってしまった北欧のバンド、未だ翻訳されていないブラジル人作家の作品……マイナーな趣味のせいで、職場や友人に話し相手が見つからず寂しい思いをしている人も、フォーラムや掲示板に参加してみれば必ず嬉しい出会いがあるだろう。かりにそのバンドや作家を知っている人がいなくても、ロック好き、小説好きという前提で話をしているのだから、あなたが紹介してあげれば、「聴いてみたら、すごく良かった！」「面白かった」といったレスポンス（反応）があるに違いない。

しかも、インターネットだから国境を越えて手軽に世界とつながることができる。趣味を語らう相手を日本人に限定する必要はない。クラシック、オペラ、フライフィッシング、サッカー……世界中にいる〝本物の愛好者〟と交流できる趣味はたくさんあるのだ。

フォーラムや掲示板に参加する際のポイントは次の2つである。

1つは、管理能力のあるシス・オペ（システム・オペレーター）や管理人がいるかどうかを見極めることだ。気の弱い人が車に乗った途端に打って変わって荒々しい運転をすることがあるように、お互いの顔が見えないネット上で攻撃的な性格に豹変し、他人に対する配慮に欠けた発言や、議論のための議論を繰り返す人がいる。ネット用語でいう「荒らし」だ。荒らしを野放しにしていると、常識をわきまえた参加者が遠ざかり、そのフォーラムや掲示板は衰退してしまう。興味のあるフォーラムや掲示板を見つけたら、数日は議論や会話を観察し、しっかりした荒らし対策が行なわれていることを確認してから参加するといい。

もう一つは、他人の発言に対する自分の意見は24時間以内に書き込むということだ。書き込みと書き込みの間が4日も5日もあいているフォーラム・掲示板ならいいが、頻繁に書き込みがあるような場合、タイミングを逸すると「終わった話題を蒸し返す」ことになってしまう。「宵越しのメールは持たない」、つまり受け取った電子メールに対する返信は必ず24時間以内にするのと同じである。海外のフォーラムや掲示板上での「英会話」でも、24時間以内の返信は可能だ。時差があるので、相手が働いている間に辞書を片手に落ち着いて英作文ができるからだ。

最後に紹介しておきたいのが「オフ会」だ。ネット上で話をしているうちに実際に会ってみたくなるのが人情。そこで時間と場所を決めて参加者たちが一堂に会するのがオフ会である。文通相手と実際に会ってみるのと同様で、いいことばかりではないが、一緒に釣りにでかけたり、出張で近くまで行くような折に夕食をともにできる友人が全国でできる。

趣味サイト以上にオフ会が開きやすいのが地域別のフォーラムや掲示板だ。最近は各市町村や地域住民が運営する地域サイトも充実してきていて、図書館などの公共施設はもちろん、近隣の美味しい飲食店やイベント、サークルなど地域に密着した情報を紹介している。こうしたサイトの大半にも掲示板があり、常連同士がときおりオフ会を開いている。もともと地域別のサイトなので、市内のキーステーションなどを待ち合わせ場所にできるからだ。

フォーラムや掲示板の参加者だけで集まり、地元の居酒屋で酒を酌み交わしてみよう。やがて家族ぐるみの付き合いに発展したり、地域のボランティア活動を一緒に立ち上げるような嬉しい展開もあるかもしれない。

パソコンは情報ツールである以上に、コミュニケーション・ツールだ。画面の向こう側に明日のあなたの友人がひしめいている。

医療サイトを〝ホームドクター〟にしよう

サプリメント(栄養補助食品)のブームに象徴されるように、健康への関心が高まっている。

にもかかわらず、体の異常を感じても仕事を休まず無理を続けたり、医師のいうことに何の疑念も抱かずに治療を受け続ける人が少なくない。これでは自分の命を投げ出し、他人任せにしているのと同じである。

そこで、病気に負けないための健康術を提案しよう。

①病気の情報武装をしよう

かつて私は、オフロードバイクの事故で足を骨折し、その傷口からＭＲＳＡ（メチシリン耐性黄色ブドウ球菌）に感染し、骨髄炎になった。幸い究極のペニシリンと呼ばれる抗生物質バンコマイシンを使って完治したのだが、数年後のある日のこと、骨折した方の足が真っ赤に腫れ上がり、40度近い高熱が出た。寒気がするので風邪を引いたのかもしれないと思ったのだが、近所の医師に診てもらうと、風邪ではないが、原因がわからないという。

そのとき、私の病気が何なのかをインターネットの医療サイトで調べてくれていた妻が、「WebMD Health」(http://my.webmd.com/webmd_today/home/default) という有名なサイトのＦＡＱ（よくある質問集）の中に、全く同じ症状についての説明を見つけた。ＦＡＱによれば、何かの傷口（私の場合は足の巻き爪による傷口）から有害な細菌が体内に入ると、以前骨髄炎を起こした箇所を刺激して再発し、しかも高熱を出すことがある、ということだった。

この情報を前提にして別の医師の診断を仰いだところ、やはり再発だった。私はすぐさますべてのスケジュールをキャンセルして2週間入院し、バンコマイシン溶液を骨に直接流し込み、患部を洗浄するという離れ業で何とか事なきを得た。もし妻がサイトを調べてくれなかったら、再発に気づくのが遅れ、片足を切断することになっていた。なにしろ最初の医師は骨髄炎の可能性を少しも疑わなかったのだ。

このように自分の病気について知ることはとても大切だ。医師とてすべての病気に精通しているわけではない。最新の知識を吸収しようとしない勉強不足の医師だっている。医師を100%信頼するのは危険だし、自分の健康に対する責任放棄だと思う。

全般的な知識を身につける必要などない。持病、親兄弟に多い病気、過去にかかったことのある病気、健康診断で要注意の結果が出た病気——つまり縁のある病気について勉強すれば十分だ。ただし、その病気については医師以上の知識を身につけるつもりで調べ、悪化防止や予防に努めたい。アメリカでは先に挙げた「WebMD Health」が有名だが、最近は日本にも「So-net ウエルネス」(http://www.so-net.ne.jp/wellness/)といった、内容の充実したサイトができている(一部有料)。積極的に利用してほしい。

②セカンドオピニオン、サードオピニオンを求めよう

数年前に、私はメニエル氏病（耳の病気が原因で起こるめまい）をこじらせて突発性難聴になった。最初は都内の病院、続いて知人に薦められて地方の病院で治療を受けたが、2年半たってもいっこうによくならない。日常生活に差し障りがあるばかりか、趣味の音楽も楽しめず、ほとほと困り果てた。

そんな折、知り合いの音楽家夫妻がデンマークから来日したので、私の症状について話してみた。すると夫の方が以前同じ病気にかかっていたことがわかった。耳の中で音叉《おんさ》の役割を果たしている「あぶみ骨」という軟骨が硬くなることによって起こる耳硬化症という病気だという。彼は手術によってあぶみ骨を取り除き、代わりに人工のあぶみ骨を埋め込んで治ったとのことだった。

さっそく彼から紹介してもらったデンマークの医師にメールで連絡を取った。するとデンマークまで来るのは大変だろうと、手術の経験が豊富な日本の医師を紹介してくれた。日本人医師に会いに行ったのだが、彼の診療態度は素晴らしかった。綿密に検査し、微細なＭＲＩの写真を見せながら詳しく、かつわかりやすく説明してくれたばかりか、「いまの段階で手術をすると成功率が低い。もっと症状が悪化してから手術した方が成功率が高

くなる。どうしてもいますぐ手術をしたいなら、米メンフィスの医師を紹介します。私はまだ数百例しか執刀していないが、その人は1万5000例も経験がある」とまでいった。彼はこの病気の患者があまり多くない日本の医師にしては豊富な執刀経験の持ち主である。にもかかわらず、自分より優れた医師を推薦できるという態度は、患者が医師の技量を疑うことを許さず、患者が他の病院に転院することを嫌がることが多い日本の医師の中では極めて良心的であろう。

病気のほうは、アドバイスにしたがって症状の悪化を待っていたところ、いつの間にか症状が消え、手術を受ける必要がなくなった。心配事がなくなったら良くなってきた、という嘘のような話である。

このように、1人の医師の診断だけを信じるのは危険な場合がある。①の提案と同様にインターネットで病気に関するリサーチをし、2人目、3人目の医師の診察も是非とも受けておきたい。同時に同じ病気を経験している知人がいたらどこでどんな治療を受けたかを聞いたり、インターネットで治療法を調べたりして、もっといい病院と医師を探し、必要だと判断したら勇気を持って病院を変えよう。

③体調が崩れたら即座に休みをとろう

体調が悪いのに無理を続け、いつの間にか病気が進行して取り返しのつかない結果を招いてしまったビジネスマンを数多く見てきた。体調が万全なら無理もいい。しかし体の異変に気付いたら、すぐに手を打つべきだ。私もそんなときは、すぐに常備薬を飲み、早めに寝てしまう。こうすると翌朝には体調が戻る。おかげで２日以上寝込んだ経験がほとんどない。

体が危険信号を発したら休む。実に単純なことだが、実行するとなると案外難しい。忙しいから、大したことはなさそうだから、と健康を後回しにしてしまう。

人生のあらゆる問題に共通したことだが、問題が発生したら、それがなるべく小さいうちに解決策を施す。これが問題を短期間でもっとも簡単に解決する方法である。

断言するが、自分の健康を犠牲にする価値がある仕事など存在しない。充実した楽しい人生を送るうえで万全な体調は必要不可欠である。健康に対してもっと貪欲になろうではないか。

デジタルカメラは「会話」のためのツールだ

デジタルカメラが大ブームを迎えている。国内出荷台数は02年が約６５５万台、03年が

844万台、04年は855万台（カメラ映像機器工業会調べ）。

ここで気になるのが、デジタルカメラの使われ方だ。家族旅行や子供の運動会など、従来のフィルム式カメラのように特別な機会にしか使っていないとしたら、実にもったいない話である。そこで今回は、デジタルカメラを使って日常の生活をもっと楽しくする方法を提案しよう。

中学時代は写真部に在籍し、オートフォーカス以前の、マニュアル式が主流の時代からカメラを愛好してきた私は、もともとデジタルカメラには否定的だった。ずしりとしたボディにレンズをはめこみ、フィルムの感度、カメラの絞りとシャッタースピードを考え抜いた上で選択し、ここぞというタイミングでシャッターを切り、現像のため暗室へ……。すべて、自分の感覚で行なう一連の作業そのものに楽しみがあった。デジタルカメラには、そんな喜びがないじゃないかと思っていたわけだ。

ところがデジタルカメラは今までのカメラとは根本的に目的が異なる全く別のツールなのだと気づいたとき、考えが変わった。

こうした新しいツールの使い方や楽しみ方は、まず、ブームの主な担い手である女子高生、女子大生、若いＯＬなどに素直に学ぶべきである。実際に使ったことがない者同士であれこれ話し合ってもムダでしかない。

私が観察した彼女たちの利用法は、いつもバッグにデジカメやカメラ付きの携帯電話を忍ばせ、街で目新しい店や場所を見つけたり、珍しい光景に遭遇したり、新しい友だちと知り合ったりすると、構図など気にせず気軽に写真を撮っている。彼女たちにとってデジタルカメラは、プロ並みの写真を追求する一眼レフや、記念や思い出のために保存を目的とするコンパクトカメラ、レンズ付きフィルムと違って、いつでも消去可能なメモ帳のような感覚なのである。

このように私が彼女たちから学んだ活用法の一つは、カメラをいつも鞄に忍ばせておくことである。それ以来どこへ出かけるにも手持ちのバッグにデジタルカメラを忍ばせるようにしている。

04年の3月にはこんなことがあった。カナダから韓国へ向かう飛行機の機内で下界を眺めていると、北海道西北部の留萌沖の上空にさしかかったとき、眼下に感動的なほど美しい流氷が見えた。私はすぐにバッグからデジタルカメラを取り出し、その眺めを撮った。その直後、ソウルで落ち合った知人に、流氷がいかに素晴らしかったかをカメラの液晶モニターを見せながら話したところ、会話が大いに弾んだのである。

また、その翌日、ソウルは雪だった。テレビニュースによると3月に雪が降るのは１０0年ぶりのことだという。さっそくその光景もデジタルカメラに収め、帰国後、流氷の画像とともに妻に見せた。言葉に加えて挿絵のような画像もあれば、感動はよりリアルに伝わるものである。ずっと現像を待っていたら、その間に思い出は薄れていってしまうのだ。

もう一つ、メモ写真を撮るときのコツは、気楽に数多くシャッターボタンを押すことだ。私は休日に電動自転車で都心を走り、ふと目にした花や鳥、あるいは珍しい建物を目にするたびにデジタル写真を撮り、家族や友人との会話に使っている。休日に遊びに出かける場合はもちろんのこと、商談や打ち合わせで外出したり、他県に出張した際にも、自然の風景、街並み、建物、店、看板、ファッションなどで少しでも自分の関心を引くものがあったら、すぐにデジタルカメラを取り出す癖をつけてみるといい。土産話に写真が加わることで家族や友人、仕事関係者との会話もより楽しいものになるはずだ。

メモ帳感覚で撮りためたデジタル画像を月に一度でもいいから、整理してみることも大きな楽しみだ。最近のパソコンは容量が大きいので、何万枚もの写真の保存が可能である。何枚撮り、何枚取り込もうがお金はかからないし、アルバムのように場所をとることもない。

その特性を利用すれば、自分だけで楽しめる写真コレクションを気軽に作ることもできる。散歩でもいい、商用で外出したときでもいい、「草花や野鳥」「古い家・珍しい建物」「気になる広告・人目を引く看板」「若者のファッション」……テーマを決めて写真を撮り、それをパソコンに取り込み、テーマごとにフォルダを作って整理するのである。

もともと自分の好きなテーマだから、写真がたまればたまるほどコレクションに対する思い入れも強まっていくものだ。行きつけの店などがある路地や街並みの風景や道行く人々の姿を撮ってみるのもいい。数年分たまれば、街並みや流行の変化が一目瞭然、貴重な記録にもなる。

あるいは、大きな事件を報じた新聞、雑誌の紙誌面や自分が気になった記事を写真に撮り、それを取り込んでみてはどうだろうか。いわば場所をとらないスクラップブックである。これを1年間続け、年末にまとめて見れば、その年の出来事が通覧でき、どのような1年だったのかがわかる。数年分をためれば立派なクロニクル（年代記）ができあがる。市販されている縮刷版や年鑑類とは一味違うオリジナリティ溢れた記録となるだろう。

今のデジカメは市販のスキャナーよりも解像度が良い、という点に気付いていない人が多い。一度試してみれば、接写機能などが秀逸であることが分かるだろう。35㎜のスライド（ポジ・フィルム）でさえも接写すれば、立派なデジタル写真として半永久保存が可能だ。過去の写真全てが新しいデジタル情報のアルバムにもなる。また、家庭用のカラープリンタも安く手に入るようになったので、必要ならプリントを作ることもできる。

デジタルカメラは、新しいコミュニケーションツールなのだ。「自分の作品」として撮るのではなく、「おしゃべりのネタ」として気軽に数をたくさん撮ってみよう。

雨の休日にはパソコンで「自分史」を整理する

せっかくの休日が雨で外出する気にもなれず、一日家でボーッと過ごすビジネスマンは多いのではないか。

じつは、休日の過ごし方には世界共通の法則が存在することをご存じだろうか。どの国でも1人当たりのGDP（国内総生産）が1万ドル未満だと、家の中で家族と会話を楽しんだり、テレビを見たりして過ごす人が多い。ところが、1万ドルを超すと、レジャーに使える可処分所得が増えるので、スポーツ、ショッピング、外食、ドライブ、小旅行といったアウトドアの遊びを志向する人が増えるのである。ちなみに、日本がその分岐点を迎えたのは1979年だった。

ところが、雨の日はアウトドアの遊びを楽しみにくい。そこで、いかにインドア――家の中で有意義に過ごすかが大事になってくる。しかし、一般に日本人はそれが下手である。

予定していたレジャーが雨でキャンセルになると、読書などをするというのはまだましな方で、なかには「何もやることがないから」とばかりに昼間からビールを飲み、ごろ寝をしながらテレビなどを見て、「晴れていればゴルフに行けたのになァ」などとぼやくビジネスマンが意外に多い。

読書、ビデオ観賞、音楽鑑賞が悪いとはいわないが、あくまでも「受け身型」の楽しみである。まして、漫然とテレビを見ているようでは、時間の無駄遣いであるばかりか、だらしない姿を見た妻や子供に愛想を尽かされ、いつか「粗大ゴミ」扱いされるのがオチである。

では、より能動的に何かを行ない、雨の日を充実したものにするためにはどうすればいいか。

私は、雨の日こそデジタル機器を使って有意義な休日を過ごすことを提案したい。

たとえば、パソコンがインターネットに接続できる環境で、アップルコンピュータの音楽用ソフト iTunes を使えば、自宅にいながらにして世界中のラジオ局の音楽放送を聴くことができる。Ｍａｃ版だけでなくＷｉｎｄｏｗｓ版もあり、以下のホームページから無償でダウンロードできる（http://www.apple.com/jp/itunes/download/）。

じつはいま、世界中の2万を超えるラジオ局のほとんどはインターネットを通じても音楽を流している。ｉＴｕｎｅｓにはクラシック、ロック、ジャズ、レゲエなどさまざまな音楽ジャンルごとにラジオ局があらかじめセットされており、ネットサーフィン感覚でアメリカやカリブ海、さらにはヨーロッパの放送も楽しめる。検索ソフトなどで見つけたお気に入りのホームページをブックマークするように、好みのラジオ局を「プレーリスト」に加えることもできる。自分独自のＦＭ／ＡＭチューナーを作るような感覚だ。

所蔵している音楽ＣＤを音楽用ソフトを使ってパソコン、または市販のＨＤＤに取り込み、音楽ライブラリーを作るという楽しみ方もある。すべての曲を残しておくと容量をかなり占めてしまうので、自分が本当に好きな曲以外は消去すればよい。そして、次回からはオーディオ装置ではなくパソコンで好きな曲だけを選んで聴けば、いちいちＣＤをセットする手間も省ける。パソコン本体のスピーカーは音楽を聴くには音質が貧弱だが、パソコンに接続できる音質のいい外部スピーカーが数千円で売られているので、買い足してもよいだろう。

また、パソコンのなかの曲をピックアップし、それを音楽ＣＤに焼き付け、オリジナルＣＤを作成するのもいいだろう。これは若者にとってはすでに当たり前になっているだけに、子供との共通の話題が広がること請け合いだ。もちろん、これは個人使用に限って許されていることで、商売としてやると違法行為として処罰の対象になることをお忘れなく。

前項で、デジタルカメラとパソコンを使い、独自の写真ライブラリーを編集することを薦めたが、要するにその音楽版である。もちろん写真整理と音楽を組み合わせてもいい。

このように、ぽっかり時間の空いた雨の日は「受け身型」の趣味ではなく、自分の「音楽資産」や「写真資産」「映像資産」の整理と編集に時間を使おう。それによって新たな趣味が広がるかもしれない。

家族の写真や映像をＣＤやＤＶＤに焼き付けて実家の両親に送れば、ユニークな便りとして喜ばれるはずだし、それ以前にモノを作るという作業自体がわくわくする。子供と一緒に行なうことでコミュニケーションをとるきっかけにもなる。

こうした作業は、じつは単なる整理や楽しみ以上の意味を持っている。

たとえば、写真は過去の自分や家族の記録である。それを整理しながら眺めているうちに、自然と自分や家族の歴史が浮かび上がり、自分はいかなる人間なのか、家族のあり方はどうなのか、といったことがわかる。時間軸に沿って系統立てて整理することで初めて気づくことも多い。

そして、これまでの自分や家族を把握したら、それをもとに将来の自分や家族のあり方について考えてみるのも有意義だ。

つまり、自分が所蔵しているさまざまな資産の整理は「自分の棚卸し」という意味を持っているのだ。日々を生きるだけでなく、ときには立ち止まり、「自分の棚卸し」をすることは、その後の人生をよりよくするために必要なことだ。これを雨の日にやれば、より充実した1日が過ごせるだろう。

パソコンの住所録や携帯電話の電話帳をチェックし、整理するのもいいだろう。自分の交友関係にはどういう特徴があるか、どの方面が充実し、どの方面が貧弱かがわかり、今後の交際のあり方を考えるヒントが得られるはずだ。

過去1か月のスケジュールを洗い出し、何にどれだけ時間を使ったかをチェックし、そこには無駄がなかったかを検討するのもいい。私が常にいうことだが、どういう人生を送るかは何にどれだけの時間を使うか、どういう人と付き合うか、で決まる。

年間約100日の休日のうち雨でつぶれるのは20日もないはず。今回、提案したことを完璧にこなしても20日はかからないだろう。

「ネットオークション」で賢く買い物する!

エアコンなど家電製品の場合、もはやデパートや街の電気店で買う人は少なく、多くの人が家電量販店を利用している。何より安いし、ポイントサービス（購入金額に応じてたまるポイントを買い物に利用できるサービス）も充実していることが人気の秘密だ。

だが、もっと安く手に入れられる方法をご存じだろうか。若者たちの間では半ば常識化しているネットオークションを利用するのである。ネットオークションとは、オークションサイトに出品されたものの中から自分が欲しいものを見つけたら、希望購入価格をつけ（入札）、他にも購入希望者がいる場合、もっとも高い価格をつけた人が買うことができる（落札）システムだ。私の会社では事務用機器を購入するとき、日本の代表的なオークションサイトである「ヤフーオークション」（http://auctions.yahoo.co.jp/）を利用することにしているのだが、これが実に便利なのである。

出品ジャンルは家電製品やコンピュータに始まり、洋服、アクセサリー、アンティーク、食品、飲料、車、チケット・金券などあらゆる分野を網羅し、出品点数は常時４００万点を超えている。まさに〝総合デパート〟といった感じだ。中古品や型落ち品が中心だが、〝新古品〟（ほとんど使われていない事実上の新品）も多い。

以前、私の会社で早急にシュレッダーが必要になったことがあった。いろいろ調べてみたのだが、定価は14万円ほどかかることがわかった。別に機能さえしっかりしていれば中古でもかまわない、と考えていたので念のためにヤフーオークションを覗いてみたら、意外に人気がないようでわずか1万２０００円で落札できた。もちろん、性能は全然問題なく、今でも我が社でフル活用させてもらっている。

欲しい人にとってはのどから手が出るほど欲しいものでも、不要と感じている人にとっては引き取ってもらえるだけでありがたい、ということでこのような値段で購入できたわけだ。

最近では業者の出品者が急増し、ネットオークションが「サイバー・アウトレット」化していることも安さに拍車をかける要因の一つになっている。アウトレット（在庫処分を目的としたメーカー直営店）は、じつはイメージほど安くない。アウトレット・モールに支払う出店料が価格の25％ほどかかり、人件費やディスプレー代も必要で、それらが価格に上乗せされているからだ。店が郊外にあるため、ユーザー側からすれば交通費も高くつく。そのためアウトレットは下火になりつつあり、代わりにメーカーの販売代理店が在庫品をネットオークションに出品するケースが増えている。ネットを使えば前述したような経費がかからないので、定価の半額で売ることも可能になるのだ。

同様に、〝バッタ屋〟（倒産した問屋や小売店が抱える商品を買い集め、安く売る業者）もネットオークションに出品するようになっていることも安価の秘密だ。

ブランド品にしてもかなり安く手に入る。一般にオリジナルのケースや保証書などがないと価値が大きく下がる。ネットオークションにはそうしたものが数多く出品されているため、驚くほど安い額で購入できるので、妻や娘にプレゼントしたら喜ばれること請け合いだ。ネットオークションで買い物をするメリットは安さだけではない。たとえば、この本の出版担当者は、02年のW杯でのサッカー日本代表の試合のチケットをネットオークションで手に入れたという。

こうしたプレミアム品は少々高くつくかもしれないが、どうしても手に入れたい人にとっては金の問題ではないはずだ。最近は入手の難しい〝まぼろし〟の焼酎などにも人気が集まっているが、これもネットオークションに数多く出品されている。

日本だけでなく、海外に目を向けるとさらに選択の幅が広がる。海外では「ｅＢａｙ」（イーベイ）がもっとも巨大なオークションサイトだが（国ごとにサイトがある。アメリカのサイトはhttp://www.ebay.com/）、これを利用すれば、まだ日本では販売されていない商品を安く手に入れることも可能だ。

また、アメリカでは商品ジャンルごとの専門サイトが主流になっているが、これも便利だ。たとえば、ワインならば「wine.com」（http://www.wine.com/）、チーズならば「www.cheese.com」（http://www.cheese.com/）、ベビー用品ならば「BabyCenter」（http://www.babycenter.com/）、書籍ならば「amazom.com」（http://www.amazon.com/）といった具合である。総合デパート的なネットショップよりも専門サイトだとさらに安くなる。ゴルフ好きの知人はゴルフの専門サイトを利用してキャロウェイのゴルフセットを定価の半値で手に入れたとそれはすごい喜び方だった。

日本ではまだ普及していないが、いずれ専門サイトも増えてくるはずだ。

ここまでネットオークションの利便性について触れてきたが、中には不安を感じる方も多いと思う。たしかに出品者の顔が見えず、入札時点では本名も住所もわからないので、相手をどこまで信用していいかわからない。実際、ネットオークションが登場した初期には、代金を振り込んだのに商品が送られてこなかった、事前に説明されていなかった傷がついていた……といったトラブルが頻発した。だが、取引終了後に出品者と落札者が互いを評価し、それが公開されるシステムが確立し、利用するにあたって登録が必要となってから、トラブルは大きく減っている。

ネットオークションの場合、中古品や新古品であることが多いということは先に述べたが、どうしても新品にこだわるのなら「価格.com」(http://kakaku.com/)の利用を薦めたい。パソコンや家電を中心に、商品ごとに各ショップ(インターネットショップを含む)の売り値を比較し、安い方からベスト5をリストアップしているサイトだ。

インターネットは日々、進化しており、欲しいものがより安く、入手困難なものがより簡単に購入できるサイトが続々と登場している。そうしたサイトを積極的に活用し、賢い買い物をしよう。

5章

酒場はこう楽しめ

〝アフター5に赤提灯〟は人生の無駄遣いだ!

「飲みニケーション」と称し、特に目的もなくアフター5に会社の同僚、部下、上司と赤提灯で酒を飲む——世界広しといえども、私が知る限り日本のサラリーマンだけの習慣である。

最近でこそ経理部の引き締めが厳しくなっているが、そうした飲み代は長らく会合費として経費扱いされてきた。会社のお金で飲めるという日本独特の風習が、この「サラリーマン文化」を支えてきたわけだ。

飲みニケーションによって、サラリーマンは終業後の貴重な時間を浪費している。アメリカ人の朝食・昼食・夕食事情をみれば、それは一目瞭然だ。

まず、出世欲がないビジネスマンや工場労働者たちだが、朝食は自宅、あるいは職場近くのファストフード店でとり、昼食もそうした店ですませることが多い。そして夕食は外でほとんどとらず、アフター5は完全に家庭優先である。

アメリカには「うちの父親は郵便配達人や牛乳配達人よりも正確に家に帰ってくる」という常套句があるくらいで、彼らは終業と同時に会社を後にして真っ直ぐ家に向かう。夕食をはさんで、壁のペンキ塗りや庭の芝刈り、車の手入れといった雑事をしたり、読書や帆船作りなど趣味を楽しんだり、家族と語り合ったりしてから就寝する。

一方、ウォールストリートやシリコンバレーで働いているような、いわゆるエリートたちは、朝食の機会を利用してビジネス・ミーティングをする。「パワー・ブレックファスト」と呼ばれるタイプの朝食だ。会食場所はインターナショナル・パンケーキ・ハウス（パンケーキ専門のチェーン店）などが多い。会談相手は社内・社外を問わない。

パワー・ブレックファストのスタート時間は、忙しさと比例して早くなる。超のつく多忙なビジネスマンなどは7時と8時30分の2回、それぞれ別の相手と会って朝食をとる。あなたがアメリカに出張し、商談相手のアメリカ人が「How about breakfast at 7 o'clock?」（7時からの朝食はいかがですか）と誘ってきたら、相手のスケジュールはかなりタイトだと思っていい。

昼も「パワー・ランチ」である。こちらの方が朝食よりもミーティングのテーマは重要で、大型プロジェクトの立ち上げ、新会社設立、買収・合併といったお金に絡む議案が話し合われることが多い。同じ会社のスタッフ同士で集まる場合は、社内の会議室でサンドウィッチを頬張りながらの会議になるが、社外のビジネスマンと会う場合はレストランを利用するのが専《もっぱ》らである。彼らがパワー・ランチに使うレストランは限定されており、そこでは業界で名の売れたビジネスマンを何人も見かける。そしてすぐさま、「この時期に彼と彼が会っているということは、近々こうしたことが起こるに違いない」といった憶測が業界内を駆け巡る。

朝にしろ昼にしろ食事をともにしながらミーティングを行なうのは、打ち合わせ程度のことで相手の会社（社内ならば相手の部署）を訪ねるのは仕事を中断させることになるので失礼だ、という感覚があるからだ。また、食事は必ずとるのだから、その時間をミーティングに当てれば、他の時間が有効に使えるという発想にも基づいている。

こうして彼らは朝食、昼食時にミーティングをすませてしまうので、アフター5は時間が比較的自由になる。もちろん残業はしばしばだが、それでもたいてい22時までには終わらせる。

同僚や上司、部下とは、パワー・ランチで仕事の不満や改善策を述べるなど必要なコミュニケーションをしているので、基本的に終業後まで行動をともにしたりはしない。同じ会社の人間同士でアフター5に食事をしたり酒を飲むのは、人間関係の亀裂を修復する、上司が部下の転職の相談に乗るといった重要な問題がある場合に限られる。

以上を踏まえながら、飲みニケーションのデメリットを考えてみると、次の4つが挙げられる。

①仕事が終わっているのに同じ会社の人間と行動をともにしている。これでは話題も職場の人間関係や業務のことに限られ、ストレスがたまりやすい。残業をしているのとまるで変わらない。

②仕事の不満や悩みを話題にしても、聞き手は往々にしてその悩みを解決できる立場にない。気軽に誘い合える仲というのは社内でもほぼ同じランクの人に限られる。けっきょくは愚痴をいい合うだけに終わり、問題解決への意志や具体的な手段が出てくるわけではない。

③家族との触れ合いの時間がなくなる。学校や近所であった出来事を聞いたり、悩み事を聞いたりするのに土日を使うのはもったいない。家族と「その日しか話せないこと、聞けないこと」を語り合うチャンスを飲みニケーションは潰している。

④本来、体を休めるべきところを飲酒に費やしてしまい、疲れもたまり寝不足気味で、翌日の仕事に響く。

このデメリットを解決するにあたって参考になるのが、パワー・ブレックファストやパワー・ランチの発想だ。

つまり、同僚との打ち合わせや情報交換、上司への相談、部下の教育、あるいは一般的なコミュニケーションなどのために食事を利用するのである。会社仲間と話をする時間を夜から昼へ再配分するのだ。日本の場合は通勤に1時間前後かかるので朝食は難しいかもしれないが、昼食は可能だろう。

このメリットは大きく3つある。

①お酒が入らないので、冷静かつ建設的な話し合いができる。

②アフター5に自分の時間を確保でき、趣味や勉強のために使うことができる。

③何か重要な約束を交わした場合に、その日の午後から実行に移せる。また興味深い提案を受けたときには、すぐに企画書を作成したり上司の決裁を受けられる。

社外の人間との飲みニケーションも減らし、よほど込み入った話以外はパワー・ランチを提案してみるといいだろう。これなら、ついつい悪酔いしてしまい、大切な取引相手の機嫌を損ねるような事故も防げる。

仕事を終えた後に、あなたが自由に使える何時間かが生まれるのだ。仕事の効率をあげるためという義務感ではなく、自分の人生をより豊かにするためという発想で、是非ともチャレンジしてほしい。

仕事の利害関係の無い人と〝パブ型〟で飲もう

私はアメリカ出張中に時間が空くと、たとえばニューヨークなら、リンカーンセンターやカーネギーホールにクラシック音楽を聴きに行く。

ほとんどが平日の夜なので、こうしたコンサートホールでビジネスマンの姿を見かけることはまずない。客席にいる多くは学生や高齢者である。ミュージカルの劇場やジャズクラブなども同様で、これに観光客が加わるにすぎない。

では、仕事を終えた多くのビジネスマンはどこにいるのか？　答えは簡単、お酒を飲んでいるのだ。ただし、普段、仕事で会えない人と帰宅途中にちょっと一杯ひっかける、という感じで。

アフター5をもっと有意義に使おう。こういうと多くのサラリーマンは、文化的な過ごし方をしようという提言と同義に受け取ってしまうが、それは誤解だ。酒は百薬の長ではないが、一日の疲れをお酒で癒すのは、万国共通、とても楽しい時間であることに変わりはない。

しかし、日本のサラリーマンと欧米のビジネスマンでは飲み方が異なる。

日本では終業後に同僚と仕事の愚痴や上司の悪口をいいあう飲み方が日常化し、取引先と親睦をはかるのにも酒の席が活用されている。これは悪習以外の何物でもない。理由は2つある。

1つは、自分のペースで飲めないことだ。こちらが誘った負い目、もう少し愚痴を聞いてあげようという情け、まだ聞いてほしいことがあるという未練……などの理由から、1軒だけで帰る、では終わらない。ついつい深酒をしてしまい、翌日はしばしば二日酔い。そして仕事に支障をきたし、必ず後悔する。

2つめは、トラブルの原因をつくりやすいことだ。取引先との接待では、深夜まで何軒も店を回るうちに饒舌になっていく。お互いに打ち解けてきた、といえば聞こえはいいが、これは同時に余計な一言を口にしやすい状況ともいえる。日中、せっかく理想的な形で商談を運んだのに、酔った挙げ句に漏らした余計な一言で、相手に不信感を抱かせる、怒らせる……そんな悲劇が延々と繰り返されている。行き着く先はやはり後悔だ。

日本型の飲み方でストレスを発散するのは至難の業なのだ。

こんなことを続けていたら自分の体を壊しかねない。働く者にとって一番の財産は健康だ。病気になってしまっては、仕事も思うようにできないし、オフを楽しむこともできず、家族に心配をかけてしまう。私も健康管理には常に気をつけている。深酒をして午前様になったのは、この10年で1度だけだ。

また、初めての店ばかりで飲む人がいるが、これもストレスが溜まりやすい。特に営業マンなど社外人脈と飲食をともにする機会が多い職種に多く、話題の店がオープンするたびに、今日は青山、明日は西麻布と新規開拓し、嬉々として同僚との飲み会や取引先との接待に使っている。

私もマッキンゼー時代、銀座のレストランガイドを買って片っ端からクライアントとの会食に使ってみたことがある。結局、満足した店はほんの数軒だったが、いい経験にはなった。ただし、これは仕事としてやったことである。それをわかったうえでリサーチを重ねる分にはいいが、もしリフレッシュなどを望んでいるなら失敗に終わるだろう。欧米のビジネスマンたちは、『ミシュラン』や『ザガットサーベイ』といった有名なレストランガイドを活用し、重要な商談相手との会食用にとっておきのレストランを何軒か用意しており、新規開拓に時間を割くことはほとんどない。せっかくのアフター5だ。仕事に使う店探しに費やすのは最低限にとどめておきたいものだ。

こうした日本型の飲み方の問題点を解決するうえで示唆に富んでいるのが、イギリスやアイルランド、アメリカ東海岸にある「パブ（pub）文化」である。

イギリスといえばパブといわれるほど全国至る所にパブがある。その語源が「パブリック・ハウス（public house）」であることからわかるように、もともとは「酒の飲める宿屋」という意味だったが、19世紀後半には単に「酒場」を指すようになり、いまに至っている。

イギリスのパブの特徴は、客のほとんどが仕事仲間でつるんだグループではなく個人の常連客であることだ。これは、いい飲み方を探るうえで重要なポイントだ。

会社を後にしたイギリスのビジネスマンたちは、同僚を誘ったりせず、1人で馴染みのパブに向かう。同僚たちが「誰某に会いたいならば、何時頃あの店に行けばいい」と知っているぐらい、それぞれが行きつけの店をもっている。彼らはパブでお酒を楽しみながら、常連客たちと次第に親しくなっていく。しばらく行かないでいると「どうしたんだろう。病気でもしているのだろうか」と心配されるほどの仲になる。

こうして店内には会社も違えば職種も違う——つまり、仕事の利害関係のない人が集い、緩やかなコミュニティを形成している。

彼らは椅子に座らず立ち飲みをし、気の向くままに店の中を移動し、いろいろな人と会話を楽しむ。最近の街のトピックや趣味、政治や経済の動向、ときには互いの人生について語り合うなど話題はさまざまだ。酒を飲みながら喜怒哀楽を露わにしている男たちを見ていると、パブが人生の縮図のように思えてきて感慨深い。そしてビジネスマンはたいてい1時間ほど飲んで、家路につく。

アイルランドのパブや、ニューヨークのグランドセントラル・ステーション内にあるオイスターバーなども事情は同じだ。日本でいえば、これらはさしずめベッドタウンの駅前や住宅街にたたずみ、客の大半を近隣住民が占める寿司屋や居酒屋といったところだろう。

このパブ文化にはいい点が2つある。

1つは、一緒に飲む相手が仕事と無関係なので、ストレスが溜まらず、話題も多彩なこと。もう一つは、たいてい1人で飲みに行くので、店に何時間いようが自分の自由であることだ。

仕事でストレスが溜まれば、帰宅前に一杯飲みたくなるのも当然だろう。問題は飲み方にあるのだ。

ハズレのない料理店を選ぶ「3つの鉄則」

どんなに嫌なことがあっても、美味しい料理を食べている時間は至福のひとときとなる。食事はオフの重要なワンシーンといっていいだろう。

私の手帳には、行ってみたい料理店がつねに20軒ほどリストアップされている。東京近辺の店だけでなく、地方や海外へ出張した際に寄ってみたい店、半年先の長期休暇中に訪ねてみたい店も含まれており、チャンスがあれば即座に予約を入れている。

情報を入手してからたいてい数か月のうちには足を運ぶ。実際に自分の舌で確かめ、「ここは美味しい！」となったら今度はそれを「定番の店」リストに加え、機会あるごとに利用する。こうしてセレクトした「定番の店」は国内外合わせて１００軒を超え、眺めているだけでワクワクしてくる。

外食するのはもっぱら夕食時。利用するのは「行ってみたい店」と「定番の店」が半々だ。せっかく貴重な時間とお金を使うのだ。「面倒だから近場の適当な店ですまそう」「空いていそうだから、この店でいいか」などと惰性で店を選ぶことはない。それぐらいなら、家でくつろぎながら食事をしたほうがよっぽど楽しい。

外食を満喫するには、一にも二にも美味しい店の情報収集が大切だ。

情報源のひとつは本や雑誌である。

前項でも書いたように、マッキンゼー・アンド・カンパニー勤務時代、職場に程近い銀座のレストランガイドを買い求め、料理のジャンルを問わず評判の高い店を、クライアントやジャーナリストとの会食に片っ端から利用してみた。

次に、場所を問わず、ガイドブックで各ジャンルの上位にランクされた3〜4店をリストアップして訪ねた。そのうち美容院で散髪中に雑誌のレストラン紹介の記事にも目を通すようになり、インターネットが普及してからはグルメサイトも覗き始めた。

そうした経験からいえることは、本や雑誌から情報を得て足を運んだ場合、勝率——美味しい店に当たる確率は1勝4敗程度だということである。だから5回に1回は満足できる味に出会えるだろう、と気楽な気持ちで情報を利用している。

ネットについては壊滅的に近い。「美味しい店情報」なのか「店の宣伝」なのか分かりにくいものが多く、あまりお薦めできない。

いちばん勝率が高いのは、友人や同僚など身の回りの人が推薦してくれた店だ。同僚や友人の顔を思い浮かべてほしい。そのうち何人の「お薦めの店」を知っているだろうか。私は極端にいえば、会う人会う人に美味しい店を聞いている。すると、次第に「この人が薦める店の勝率は高い」ということが分かってくる。こうした「食の案内人」が見つかれば外食のクオリティがぐんと高まる。

もう一つ、情報の入手方法がある。親しくなった美味しい店の店主に聞くのだ。イタリアンの料理人に「店を閉めた後、この辺りで食べに行く店はありませんか」と尋ね、期せずして、近隣の美味しいラーメン屋やテンプラ屋を教えてもらえることだってある。美味しい店の主人は、たいてい情報通である。

情報を入手したら、いよいよ出陣だが、外食を楽しむには3つのコツがある。

①《情報整理術》…お店は「価格帯別」に充実させよう

値段の高い店しか知らない「グルメ通」がいるが、これでは外食は貧困なものになってしまう。650円のラーメンでも2万円の日本料理でも、味わえる感動に差はない。

昔、子供2人がまだ小さかったころ、雪の降りしきる夜に神田の評判のラーメン屋を訪れたことがあった。雑誌の紹介記事を読んでどうしても食べてみたくなり、家族のひんしゅくを買いながら4人で2時間も並んだ。

家では食べられない料理をみんなで味わうのが外食の醍醐味だ。100円、200円の予算でも外食を楽しめるよう、「あそこの肉まんが美味しい」といった風に、美味しい店の情報は是非とも価格帯別に充実させておきたい。

同時にチェックしてほしいのが、普段、美味しいとも思わないで昼食時に通っている店がないかということだ。不味い店に500円払うぐらいなら、昼食は栄養補助食品で済ませて、浮いたお金を週末の外食代に当てたほうがいい。感動のない店をリストラすることは外食を充実させるために不可欠である。

②《店の選び方》…まずはランチで味を確認

値段の高い店の場合、大して美味しくなかったら……という不安がつきまとう。その店がランチメニューを用意しているようなら、平日に打ち合わせなどで近くに行った機会に1人で、あるいは週末に家族で、まずは昼食で訪ねてみるのも手だ。お酒を頼むこともなく、夕食に比べて手ごろな値段で店の味が確かめられるので、ハズしたときのお金と時間の被害も軽くてすむ。

③《料理の選び方》…店員に「お薦め」を聞く

友人や同僚から教えてもらった店に行く際には、同時にメニューも推薦してもらう。本や雑誌からの情報の場合、適当に注文して痛い目に遭うことがある。そんなときは店の人にお薦めの料理を頼んでみるといい。

外食を含めて、私が食にこだわるようになったのは、まだ30代前半の頃、松下電器産業の創業者、故・松下幸之助氏と仕事をさせてもらったのがきっかけだった。当時80歳を超えていた幸之助氏と話をしながら、ふと「自分はあと何年ぐらい生きられるのだろうか」

と考えた。

人生には限りがあることを強く実感した瞬間だった。オンにしろオフにしろ、やりたいことができる回数は限られている。しかも、生きていても、スキーやトライアルバイクのように肉体的な限界から楽しめなくなってしまうものもある。

食事も同じである。歳をとると、いくら美味しいものを食べたいと思っていても胃が受けつけなくなるし、そのうち食べたいという欲求自体が衰えてしまう。80歳まで食を楽しめるとしたら、あと何回、夕食の機会があるのだろう——数えてみると、あと1万8000回ほどだった。

ふだん何気なく食事をとっているが、じつは楽しめる回数には限りがあるのだ。一回一回の食事を大事にしよう、可能な限り美味しい料理を食べようと思い、漠然と店に入ることをしなくなった。

美味しい店を一軒でも多く見つけ、週末や長期休暇中に家族や友人とともに一回でも多く、食の喜びを味わってみようではないか。

「隠れ家」を2軒持てば人生が豊かになる

会社帰りに社内の仲間や取引先、または友人と「一杯引っかけていく」ビジネスマンをあちこちで見かける。

だが、単に会社から近いから、安いから、マスコミで紹介されていたから、といった基準で店を選んでいる人が多いのではないか。せっかくの知人たちとの食事なのに、これはじつにもったいない。

そこで料理店とのいい付き合い方を提案したい。じつは私も各料理ジャンルごとに馴染みの店を確保するようにしている。

馴染みの店を持つメリットはいうまでもなく融通が利くことだ。友人と込み入った話がある場合、あるいは重要な社外の知人との会食などの場合、事情を説明すれば都合のいい隅の席などを優先的に確保してくれる。私の場合、マスコミに登場することもあるので食事の最中に見知らぬ人から声をかけられることも多いのだが、馴染みの店ならば何もいわなくとも、そういうことからも〝守って〟もらえる。

また、いったん馴染みとして認知されるとメニューにない料理を出してもらえたり、自分の好きな酒を置いてもらえる。

では、どうすればいいか。ただ頻繁に顔を出せばいいというわけではない。何よりもまず店のスタッフ、とりわけ料理人の信頼を得ることだ。これにはコツがある。

まず、こぢんまりした店を選びたい。大きな店だと調理場が奥にあり、料理人と会話を交わすことは難しいが、カウンターの内側で料理人が作業をしているような規模の店だと、その仕事ぶりが見えるし、手の空いたときには声をかけることができる。それで私は混んでいる時間帯を外して店に行くようにしている。会話を交わせる可能性が格段に高くなるからだ。

ただし、料理人との会話には気を使いたい。よく食通ぶって初対面の料理人に対して生半可な蘊蓄《うんちく》を語る人がいるが、これは嫌われる。料理人はだいたい自分の料理に対してこだわりと自負を持ち、妥協を許さないストイックな人が多い。私が贔屓《ひいき》にしているマグロ料理の店の主人などは、気に入らない客がいると、包丁片手に「出て行ってくれ」と凄むほどだ。

これは、と思った店を馴染みの店にしたいのなら、まずは料理人を立てること。それでいて決して媚びない。美味いと思ったときだけ素直にほめる。これを繰り返していくと、「味のわかる客」と認められ、大切に扱ってもらえるようになる。これが第1段階。

次に大切なのがサービス係の人たちとの接し方だ。ウエーターやキャッシャーに対して「俺は客だ」とばかりに横柄な態度をとる人をよく見かけるが、愚の骨頂である。いくら料理人に気を使ってもこうした態度はいずれ店全体に伝わる。人によって態度を変える人間が信頼されないのはどの世界でも共通だ。

彼らは貴重な情報源ともなりうる。客単価は上がっているのか、高い料理、酒を気前よく注文するのはどういう業界のどの会社の人なのか、そして、それは交際費なのか否か、など。株に興味を持っている人ならば新聞を読むよりもよほど生きた情報にもなる。オフタイムを楽しみながら仕事にも役立つ情報も得られるのだ。気さくな人柄の人が多いので、訪れる度に冗談を飛ばしたり、旅行や出張に行った際に買ったお土産を渡したりすればすぐに仲良くなれる。

こういった店を用途に合わせて２軒持つと実に便利だ。１つ目の店は、会社からさほど遠くない場所にあることが望ましい。忙しいビジネスマンにとって移動時間はできるだけ短くしたいもの。

とはいえ、会社のある駅近辺の店は避けたい。とくに仕事とまったく関係ない友人とプライベートで会う場合、同僚や上司、部下と遭遇する可能性があり、せっかくのオフタイムをオンモードに引き戻されかねないし、会話内容にも気を使わなくてはならなくなるからだ。

もう一軒の店はできれば自宅から徒歩圏内、少なくとも帰りの電車の時間やタクシー料金をさほど気にせずにすむ距離にある店にしたい。自宅近辺に馴染みの店を持つ楽しみのひとつは、1つ目の店のケースと違い、地域の人々と交流を持てるチャンスを得られることだ。

自宅と会社を往復するだけのことが多いビジネスマンの場合、地域に親しい友人がほとんどいないという人が多い。これではオフが貧しくなるし、会社を定年退職したあとの人生も存分に楽しめない。そのために自宅近辺の店を利用するのである。

自宅近くに馴染みの店があれば、ひとりでふらりと寄ることができる。そこにきている客は同様に地域の人であることが多い。しかも仕事の利害関係のまったくない人たちだ。それゆえ、顔馴染みになれば気の置けない会話を交わすことができるし、意気投合すれば一緒に趣味を楽しむこともできる。

知人のビジネスマンは釣りが趣味だが、釣った魚を店に持って行くとその魚でスペシャルメニューを作ってもらえるのだという。もちろん、その魚は他の常連客にも食べてもらい、それがきっかけとなって常連客の〝輪〟がどんどん広がっているとのことだ。

こうした交友関係が広がっていくうちにテニス大会やゴルフコンペ等のイベントも行な

われ、地域の知り合いがより広がるという話も聞いた。やがて、それが家族ぐるみの付き合いにまで発展すれば、オフは一層充実するはずだ。

もうひとつのメリットは、自分ひとりの時間を持てることである。これは知人の会社幹部の話だが、彼は夫婦喧嘩の後に気分転換をしたいときや、ひとりになってのんびりしたいとき、自宅から徒歩圏内のところにあるバーに行き、マスターや馴染みの客に話を聞いてもらうそうである。愚痴を聞いてもらうことでストレスは解消し、帰る頃にはすっかり晴れ晴れとした気分になっているのだという。しかも帰りのタクシーを心配する必要もないので心地よく酔えるそうだ。

つまり、彼にとっては精神衛生上欠かせない「隠れ家」になっているわけである。よりオフタイムを充実させ、リラックスした時間を持つためにも、是非「隠れ家」を開拓したいものだ。

「外国人ホステス」は「情報の宝庫」だ！

前項で2軒の「隠れ家」を持つことでオフタイムをより充実させることが可能になるということを書いたが、気の置けない仲間たちと、つい盛り上がって2次会へ突入するケースも多い。そんなとき、ホステスがいる店に行くことは少なくない。

ここでは、そういう店でいかに楽しむか、そして有意義に過ごせるか、について考えてみたい。といっても、どうすればモテるかということではないのであしからず。

よくホステス相手に尊大な態度で自慢話をしたり、耳をふさぎたくなるような下品な下ネタを話す客を見かけるが、これはいただけない。

無論、ユーモアのあるワイ談ならば会話の潤滑油にもなるし、場を盛り上げる一つのスパイスにもなるのだが、何事にも限度がある。度を超すワイ談をされると、彼女たちは表向き喜んでいるように見せるが、心の中では「バカじゃないの」と呆れていることがほとんどだという。

仲間たちとそういった店に行った場合、ホステスの振る舞い方次第で場は盛り上がりも白けたりもする。ならば、楽しく盛り上がるためには彼女たちの力を借りた方が得なのは当然だ。

では、どうすればいいか。答えはいたってシンプルだ。まず、彼女たちの興味を持っていることに話題を振り、彼女たちから積極的に話をさせるのである。

古色蒼然といった感の否めない銀座はさておき、六本木のホステスさんなどはいたって普通の女の子ばかり。昼間は学生やOLをやり、夜だけアルバイトという子が結構多い。

感覚は街中を歩いている女性と変わらないから、話題のファッション、食べ物屋、海外旅行など、じつに多彩な話題を持っている。その手の話になると俄然目を輝かせて話し始める。一人が話し出すと他の女の子も追随して盛り上がる。そのうち、我々の方にも話題を振ってくる。彼女たちが行ったことのない国に行ったことがあると話したりすると、やたらと興味を示してくるし、大人の遊び場についても関心を持って聞いてくる。盛り上がらないわけがない。

私はお台場のヴィーナスフォート（若い女性向けの総合商業スペース）の経営に取締役の一人として関わっているが、六本木のホステスとのファッション談義で得た情報が非常に参考になっている。ヴァネッサ・ブリューノ、アナスイ、ディーゼル……当初は何のことだかさっぱりわからなかったが、それらを置いた店に注目してみると確かに売れている。若い女の子の間で密かなブームとなっているブランドなどは、マスメディアが大々的に取り上げる頃にはすでに下火となっている。彼女たちは時代の半歩先を行っているのだ。下手なマーケティング会社の調査や分析などよりもよほど役立つのではないかと思っている。

それに若い感性がじつに豊かだ。同年代の男の子たちとは雲泥の差がある。携帯の赤外線データ通信やパソコンを使った遊び等、じつに多彩なデータのやりとりを当たり前のようにこなしている。それらも教えてもらうのだ。年頃になった自分の娘や会社の若いOLと話題が嚙み合わないと嘆く中高年ビジネスマンは多いが、こういう場所で仕入れた情報を話題にすれば、会話も弾むはずだ。楽しみ方一つでオフはもちろん、ビジネスチャンスを摑むことさえ可能なのである。

最近では外国人ホステスを揃えた店も多くなっているが、これも利用の仕方次第では有効に活用できる。かつては外国人ホステスといえばアジア系がほとんどだったが、しばらく前からルーマニア、ハンガリー、チェコ、スロバキア、旧ソ連圏のウクライナ、グルジア、ロシアといった東欧圏の女性が多くなっている。

じつは彼女たちは母国では大学院卒業生であるなど知的レベルは高く、英語も堪能だ。だが、母国では彼女たちの能力を生かせる仕事がなく、しかも経済的にも厳しいから日本にやってきているのだ。

しかし、そういう店に遊びに来る一部の客の中にはスケベ心丸出しの輩もいて、彼女らは辟易している。本当はもっと知的な話をしたがっているのだ。

だから東欧圏から来たホステス相手に話をするときには、柔らかい話題もいいが、彼女たちの国のことを話題にしてみよう。すると、喜んでいろいろなことを教えてくれる。私は、仕事柄だが、彼女らの国の経済状況や社会情勢について話をすることが多い。

母国ではどういう仕事があるのか、給料はどれくらいなのか、タクシーの初乗り運賃、アパートの家賃、家族4人での生活費はどれくらいか、日本は東欧圏ではどのように見られているのか、新しい企業で注目すべきものがあるか、日本で売られている東欧圏の商品は現地ではどのくらいの値段で売られているか……といった具合だ。

彼女らは日本人と違い、自分の国にプライドを持っているから、それこそ懸命になって教えてくれる。自分が知らないことは母国に住む親戚や知人にわざわざメールをしてまで調べてくれるし、それでもわからないときなどはビザの関係で一時帰国した際に自分の足で調べてくれる。まさに生きた情報だ。

私の場合は特殊なケースかもしれないが、一般の人でも十分に活用できる。例えば、旅行を趣味にしている人でも欧米やアジアには詳しくとも東欧圏には行ったことがない、という人も多いだろう。そんなときには現地の観光名所はどこか、お土産を買うならどういうものがいいのか、おいしいレストラン、穴場スポット、そして治安が悪く、観光客は近寄らない方がいい場所はどこか、などを教えてもらう。そういった情報を頭に入れた上でネット上で〝サイバー観光〟をすれば、日本にいながら東欧圏を旅した気分にもなれる。

私の編集担当者の一人などはすっかり外国人クラブが気に入ったようで、「外国人クラブで飲んだ方が知的好奇心を満たしてくれるから、もう日本人ホステスのいとまで、いいきるほどだ。

日本人ホステスのいる店でも外国人ホステスのいる店でも、決して安くない金額がかかることが多い。ならば、下品な下ネタで時間を無為に使うよりも、スマートで知的な会話をしてプライベートや、ときには仕事に役立つ情報を得よう。余談だが、知人のビジネスマンによると、そういう話をした方がホステスたちにもモテるそうである。

6章

家族マネジメント術

毎週木曜の夜は「家庭の定期点検」をしよう!

妻がいまどんな悩みを抱えているか、子供が何に夢中になっているか、あなたは知っているだろうか。

「仕事が忙しいから」「取引先との付き合いがあるから」……。こんな言い訳を繰り返し、あまりに家庭を顧みないサラリーマンが多い。早く帰宅しても玄関の扉を開けるなり、「疲れた」とつぶやき、風呂に入り、食事をし、ビールを飲んでテレビの野球中継を観ながら寝てしまう。妻や子供との会話をないがしろにしているわけだ。仕事にかまけて家族とのベーシックなコミュニケーションさえ欠いているようでは、円満な家庭など望むべくもない。

アフター5をダラダラ過ごしてしまうのは、サラリーマンの悪い癖だ。仕事とは違う充実感が味わえ、地元に友人も増える地域ボランティア活動など、アフター5を活用する過ごし方はいろいろある。なのにその日の疲れをお酒やゴロ寝で癒してばかりでは、時間がもったいない。

私がアフター5の過ごし方として是非とも注目してほしいと思うのは、「家庭の定期点検」、すなわち家族が抱えている問題について定期的に語り合う時間だ。

マッキンゼー・アンド・カンパニー勤務時代、私はどんなに忙しくても必ず毎週木曜日の夜を家庭の定期点検にあてていた。他の予定を入れず、近所のレストランで食事をしながら妻と話し合う時間を持つようにしていたのである。平日の夜にしたのは、土日は家族や友人とオフを楽しむための日であって、悩みを聞いたり打ち明けたりするのには不向きだからだ。

定期点検で語り合うテーマは主に2つ考えられる。

1つは、子育ての方針など家庭内のことだ。子供の教育を妻に任せきりにするサラリーマンが多いが、問題である。夫だけ働いているのなら時間的に妻が子供の教育、養育に中心的な役割を果たすことになるのはやむを得ないが、定期的に子供の現状を知り、育て方について確認しあっておくことが必要である。そして子育ての基本方針についてお互いの意見を出し合い、夫婦の考え方を統一しておくことが大切だ。

基本方針に合意がないと、子供が何か問題を起こしたとき、妻が厳しく叱り、夫が妻に異論を唱えるなど、正反対の対応をしてしまう。これでは子供を混乱させることになる。夫婦がお互いに考え方が違うのは当たり前のことだが、それを子供の前で晒すのは得策ではない。たとえば夫は「伸び伸び育てたい」と考え、妻は「小さい頃から受験勉強をさせて私立の小学校に入れたい」と思っているような場合、その違いを放置したまま子供に接しているかぎり、夫の考え方も妻の考え方も中途半端な形でしか伝わらない。子供が一人前になるまでは、夫婦で一つの考え方を伝えていくべきなのだ。また子育てのほかにも、家計や生活設計などもテーマとなるだろう。

もう一つは、妻が家族以外に関して抱えている悩みだ。近所付き合いや友人関係のトラブル、実家で老いていく両親の老後のこと、仕事上の失敗など、さまざまな問題で妻は夫の知らないうちに悩みを抱えている。それを放っておくと妻の悩みは一向に解決されずストレスは溜まる一方で、いつか爆発しないとも限らない。妻が悩みを抱えて暗い顔をしていれば、それは同じ屋根の下に暮らす夫や子供にはね返ってくる。仕事にも集中できなくなるし、週末のオフも楽しめない。

定期点検で気をつけたいのは、聞くことに重きを置くか、互いに意見を出し合うか、というバランスだ。いまあげた2つのテーマに沿っていえば、前者は意見を交わさなければならないが、後者はもっぱら聞き役に徹したほうがいい場合が多い。後者の場合、下手に口を挟むと「何も知らないくせに」「私の気持ちがわかってない!」と反発を食らうことになる。解決は難しいが聞いてもらうことで気持ちが晴れる、そんな悩みもあるのだ。すぐに解決できるような類いはその方法を提案すればいいし、難しいものはガス抜きをさせてあげよう。

そして、いずれの話し合いをするにせよ、定期点検はできれば外食をしながら行ないたい。家で食事をしながらだと、妻は料理の献立を考え、買い物をし、料理を作り、後片づけをし……といった家事に追われ、夫と何を話そうかと考える十分な時間がとれないからだ。子供がひとりで留守番できる年齢ならば昼のうちに用意した食事を食べさせ、夫婦だけで近所の定食屋やファミレスにでも出かけ、そのあと喫茶店に寄ってゆっくり話をすればいい。子供が幼くて外出が無理ならば、宅配の食事や弁当ですませ、子供が寝たあとに話し合うという方法もある。

妻を家事から少しでも解放し、ゆったりとした気持ちで話し合える環境を作ってあげることが大切なのである。

家庭の定期点検やボランティア活動を実行するには、アフター5に関する1週間のスケジュールを決めてしまうのが近道だ。一例を提案しよう。

土日のオフで心身ともにリフレッシュした月曜日は財務、IT、英語などビジネス能力を高めるための勉強をする。火曜日はボランティア活動にあて、アフター5が2日連続で仕事関連にならないようにする。週に1度は残業が避けられないようなら、1週間の疲れがまだ溜まっていない水曜日を残業デーにし、木曜日は家庭の定期点検日に。そして金曜の夜は読書、音楽・映画鑑賞、スポーツ観戦など比較的軽めの趣味を楽しむ。そうすれば、金曜の夜から土日いっぱいオフ気分に浸れる。これに、リフレッシュのためにお酒を飲む日をたまに織り交ぜていけばいい。

このようにスケジュールを決めておくと、5つのメリットがある。

①自分の目的に沿った主体的な時間の使い方ができる。
②曜日ごとに異なる予定が入るので、1週間の生活にメリハリが生まれる。
③予定があれば、会社を出るべき理由と時間が明確になり、仕事が早く終わる。
④同僚から酒の誘いを受けたとき、付き合うかどうかの判断が明確にできる。
⑤週末の時間を本格的な趣味や家族との行楽に使うことで、ほんとうのリフレッシュができる。

スケジュールは自分で組み立てないと、仕事や付き合いについつい浸食されてしまう。先に挙げた週間スケジュールは一例にすぎない。試行錯誤をしながら、それぞれ自分に合った週間スケジュールを作ってみてほしい。

一家団欒の秘訣は父親が「司会者」に徹すること

本来、サラリーマンにとって家庭は心身共にリラックスする場所である。快適な家庭があってこそ仕事に集中でき、週末や長期休暇のオフを満喫することもできる。だが悲しいかな、家庭の中で父親は「粗大ゴミ」扱いされていることが多い。たまの休日に家にいても居場所を見つけられず、何かと理由をつけて外出する父親もいるくらいだ。

私の知る限り、世界広しといえども、父親がこのような扱いを受けているのは日本だけである。儒教の影響がまだ強い韓国では父権が当たり前。大家族の中国では昼食さえ家族一緒にとることが珍しくない。ヨーロッパも東南アジアも父親の威厳は保たれている。粗大ゴミ、などという発想は頭をかすめることさえないだろう。

アメリカのエリートといわれるビジネスマンも日本のサラリーマン同様、いやそれ以上に忙しい。ニューヨークのビジネスマンには、隣接するニュージャージーなどに家を持ちながら、ウィークデーはマンハッタンのアパートに住んでいる人が多い。長距離通勤による無駄なエネルギーの消耗を避けるためである。彼らは週末にしか家族のいる家には帰らないので、普段は子供と顔を合わせることもない。せいぜい電話で話す程度で、父親としての役割をあまり果たしていないように見える。ところが、家庭の中で粗大ゴミ扱いされることはない。なぜだろうか。

アメリカの大企業に勤める部課長以上の家庭では、メキシコなどの中南米やフィリピンなどからの移民労働者をメイドとして雇っていることが多い。彼女たちを月曜から金曜までフルタイムで雇うと、費用は月あたり10万〜20万円だ。自分の家だけで全額を負担することが難しい場合は、他の家と協力してメイドを1人雇うことで、費用負担を半分ですませている。

メイドに家事や育児の大半を任せるので、妻はウィークデーに「旦那シフト」を取ることが可能となる。つまり夫の生活に合わせ、ウィークデーは夫と一緒に都心のアパートで過ごすのである。昼間はアパートから子供のいる郊外の家に通って家事をし、夜にアパートに戻って夫の帰りを待つ妻もいる。

またベビーシッターを雇う場合も多い。アメリカには、近所の中学生や高校生に一晩1000〜2000円程度のアルバイト代を払い、赤ん坊や幼児の世話を頼む伝統がある。ベビーシッターを頼まれる方も、子供がおとなしいときは宿題ができるし、冷蔵庫の中の物を自由に食べられ、しかも小遣いを稼げるので、喜んで引き受ける。

6 家族マネジメント術
―家団欒の秘訣は父親が「司会者」に徹すること

メイドを雇うにしろ、ベビーシッターを頼むにしろ、妻は家事や育児の負担が軽減され、夫と過ごす時間を確保できる。だから、ウィークデーでも一緒に食事に出かけるなどして、夫婦のコミュニケーションが成り立っているのである。妻が家事や育児に追われてストレスを溜め込み、夫に不平不満を持ち、それを子供にもらして夫(父親)の権威を貶《おとし》めるようなことはしない。そして夫は、ウィークデーは夫婦中心に過ごす分、週末は子供を交えて家族全員でオフを楽しみ、父親としての役割を存分に果たす。

父親の役割にはいろいろあるが、オフで重要なのは、家族のコミュニケーションの要となることだ。具体的には散歩、外食、旅行などのイベントを呼びかけたり、食事をしながら家族同士の会話を仕切ったり、といったことである。

こうした生活を送っているから、ウィークデーは仕事で忙しいにもかかわらず、粗大ゴミ扱いされることがないのである。ドイツを始めとするヨーロッパ先進国も似たような事情だ。日本も国策としてメイドなどとして働く移民労働者を受け入れ、妻の負担を軽くするべきだというのが私の持論だが、残念ながら、いますぐ実現できる話ではない。また、ベビーシッターを探すのも大変だ。

こうした現状のもとで快適な家庭環境を作るには、どうしたらいいか。

まず必要なことは、家族団欒の日を週に1度設け、家族全員で食事をとるようにすることだ。団欒の日は、年初めに1年間のスケジュールとして決め、出張中などやむを得ない場合を除いて必ず実行し、定例化するようにしよう。具体的には、家族それぞれの誕生日、夫婦の結婚記念日、子供の入学式や卒業式、こどもの日、七五三、クリスマスといった特別な日や週末を中心に選ぶといい。

いままでやってこなかったのに、いきなり団欒の日を設けても、最初は会話がぎこちなかったり、話題に困るかもしれないが、気にすることはない。家族で一緒の時間を過ごすことを恒例行事化することが大事なのである。

その際、買い物、料理、後片づけなどを家族で分担するべきだ。団欒の日に主体的に参加しているという意識を子供に持たせるためである。日によってはデリバリーの食事を頼んでもいいし、外食をしてもいいし、天気のいい昼間ならばコンビニの弁当を買って近くの公園で食べるのもいい。

団欒の場で肝要なのは、父親が会話の司会進行役をつとめることだ。ただし、昇進などの明るい話題、転勤など家族の生活に大きく影響を与える話題を別とすれば、会社の話、仕事の話のように家族が聞き役に回ってしまうテーマは避けるべきだ。一生懸命働いている父親の背中を子供たちに見せることと仕事の話をすることは、まったく別物だ。もちろん、プロ野球やJリーグの話など家族と関係のない話も駄目だ。

自分が話し役になるのではなく、聞き役になるほうがいい。これこそ多忙を極めるアメリカのビジネスマンたちが週末に家庭で果たしている父親の役割の一つだ。一家団欒のMC（司会者）になるわけだ。妻には近所の出来事などを、子供には学校での出来事、友だち関係、いまの関心事や趣味、向こう1か月の面白い行事、将来の夢などを聞くといい。そして、妻や子供が少しでも何かを話したら、自分の意見や過去の体験などを交えながら、会話を盛り上げていく。そうしたことをきっかけに少しずつ会話が弾むようになってくるだろう。

つまり、家庭においては「聞き上手」が「夫上手」「父親上手」につながるのである。この1年間、どれだけ家族と一緒の時間を過ごし、会話をしてきたかを振り返ってみてほしい。もしもその時間が十分でないなら、今週からでも家族団欒の日を設けよう。家庭は、家族それぞれが工夫や努力をしなければ居心地がよくなるはずなどないのだ。

子供部屋を撤去して父親の居場所を確保しよう

家の中に自分だけの居場所をもっているだろうか。

多くのサラリーマンは会社からクタクタになりながら帰宅すると、リビングやお茶の間でテレビのニュースやスポーツ番組を観ながらゴロ寝している。夕食がすむと、再び同じ場所でゴロ寝。子供は無言で自分の部屋へ。眠気に襲われ転寝《うたたね》を始めた夫に気づいた妻が、食事の後片付けを終えてテレビを消すと、「まだ観てるんだよ」と夢うつつで文句をいいつつ、眠りに落ちていく……。

日頃からこんな姿を妻や子供に見せてはいないだろうか。仕事で疲れているのだから、ゴロ寝をしてしまうのもわからないではない。しかし、いつもだらしない様子ばかり目の当たりにしている妻や子供が、夫（父親）へ感謝や尊敬の念を抱くことなどまったく期待できない。

一番の問題は夫の居場所が家庭にないことだ。だから、一人になって息を抜くことも読書や勉強をすることもできず、仕方なくリビングやお茶の間など家の中の「公共の場」にいざるをえなくなる。

妻が専業主婦ならキッチンが自分の聖域だ。しかも夫が会社に、子供が学校に行っている間は家全体が自分の居場所になる。もちろん毎日、家の中を清潔に保つという大変な仕事とセットではあるのだが。また子供には子供部屋がある。つまり、妻にも子供にも、1人になれる場所があるということだ。なんとも不公平な話ではないか。

19世紀末に「シンボリズム（象徴主義）」という芸術思潮がフランスを中心に広まった。

簡単にいえば、内面的な世界を象徴的に表現しようという考え方だ。そして家庭は、好むと好まざるとにかかわらず、シンボリズムが顕著な場所である。友人知人の家に遊びにいったときのことを思い出してみればいい。自分の家と同じような間取りでも、リビングを第2の子供部屋として使っている家もあればホームシアターにしている家もあるように、空間の使い方が全然違うことに気付かされる。これは、その家の主――つまり親の考え方の違いからくるものである。

子供部屋があるのに自分の居場所がない家。これは、親よりも子供の方が偉いという考え方が反映された家だ。電車の中で子供を座らせて親は立っているような家族が住む家である。テーブルに食事が並び、両親が席についているのに子供がいない。子供部屋に向かって「ご飯だよ」と親が知らせて、ようやく子供が現われる。こんなことを続けていたら、子供は「親より自分の方が偉いんだ」「この家は自分が中心に回っている」と勘違いしてしまうだろう。この馬鹿馬鹿しい現状を打破し、居心地のいい家庭を取り戻すには、父親の居場所――書斎を確保するためには、部屋の割り当てを再配分するのが最も効果的だ。

父親が書斎を持つメリットは、大きく3つある。

①自分の居場所ができて、精神的にリラックスできる。
②ビジネス能力を高めるための勉強を落ち着いてできる。
③勉強している姿を子供に見せられる。

家族全体のことを考えるとき、③の効用は多大だ。自営業者ならば日頃から自分が働く姿を子供に見せることができるが、サラリーマンはそうはいかない。しかし書斎があれば、平日の夜や週末に働く姿を見せることができる。父親の姿を見て子供は「社会に出て仕事をすることって、こんなに大変なんだ」「家族のためにこれだけ一生懸命やってくれているんだ」と受け止める。同時に「勉強は学生のときだけではなく、一生必要なんだ」と理解し、教育上もいい影響を与えることになる。また、食事の用意ができたら書斎にいる父親を子供が呼びに行く、という本来あるべき家族の姿を実現することが可能になるのだ。

では書斎を確保するためにどの部屋を犠牲にするか。もちろん子供部屋だ。ほとんどの家庭で父親の書斎よりも子供部屋の確保を優先している。この優先順位を逆転させればいいのだ。子供部屋を与えることには百害あって一利なし、だからである。

子供部屋には必ずといっていいほど「学習机」がある。スタンド、書棚、引き出しなど机周りの物がすべてセットになった勉強用の小さな机だ。

学習机というコンセプトの商品は、じつは日本にしかない。欧米の子供たちは、ダイニングテーブルや大人用の机、あるいはベッドの上などを使って勉強しており、子供専用の机などない。私にいわせれば、学習机こそ歪んだ日本の家庭の象徴である。親は子供が一生懸命勉強することを期待して子供に部屋を与え、学習机を買う。あたかも、ご機嫌をとって子供に勉強していただこう、としているかのようだ。だが国内で実施された種々の調査によれば、子供が家で勉強をする時間は年々短くなっている。いまでは例えば中学生の場合、家でまったく勉強しない子の割合が20%から40%にも上っているというのだから、なんとも滑稽ではないか。

子供が部屋でやっているのは、もっぱら漫画を読んだり、ゲームをしたり、友だちとの携帯メールのやりとりだ。しかも自分の部屋があると、子供は食事が終わるとそこに引っ込んでしまうから、家族同士のコミュニケーションの障害になっている。自分の居場所がないことを我慢してまで、子供部屋を用意する必要がどこにあるというのか。

部屋の再配分は、まず夫婦の寝室が最優先だ。続いて書斎を確保しよう。共稼ぎなら夫婦別々の書斎が理想だが、無理なら共有でもかまわない。

書斎を確保したうえで部屋が余っているならば、子供が寝る部屋を用意すればいい。2

人兄弟、3人兄弟で残りの部屋が1つしかなくても、2段ベッド、3段ベッドを入れればすむことだ。宿題はリビングやダイニングのテーブルで十分だろう。そのほうが親の目もあり、座り心地もよくないから、子供はてきぱきと勉強するようになる。

子供がリビングやダイニングにいる時間が増えれば、そこは家族団欒の場になる。子供の勉強を見てあげれば、それをきっかけにして会話も生まれるはずである。子供が大学に進みもっと落ち着いて勉強したいと言い出したら、独力で一人暮らしをさせればよいのだ。

親は満たされることで明日への活力が生まれるが、子供は反対に向上心が失われてしまう。子供部屋より書斎を優先することは、親が家庭でリラックスするためにも、子供の自立心を促す上でも、とても有効な手段なのだ。

テレビを見ながらの食事が家庭を崩壊させる!

私は友人知人やビジネスパートナーの家に招待された折、リビングやダイニングのテレビがついていると、主人が電話やトイレに立った隙に勝手にスイッチを切ってしまう。ゲストを呼んでいるのにテレビをつけていることは、「お前との会話よりテレビを見ている方が楽しい」といっているようなもので、失礼だからである。客人の前で新聞や本を読むのと同じといえば、わかりやすいだろう。

なかにはテレビが消えていることに気づき、またつけようとする人もいるから、正直、呆れてしまう。無論、相手に悪意はなく、習慣にすぎない。裏を返せば、それほど「テレビ中毒」に陥っているわけである。家族だけでいるときもいつもテレビがついているだろうと、容易に想像がつく。

あなたも朝食や夕食のときに無意識にテレビをつけ、ニュースや情報番組、スポーツ中継を見てはいないだろうか。あるいは、妻がワイドショーを食い入るように見入ってはいないだろうか。もしそうなら、「子供と会話をする意思がない」と表明しているようなものである。そんなことを続けていれば、家族の会話がなくなるのは当然だ。家庭崩壊の始まりといっていい。

欧米のホワイトカラーの家庭は、日本に比べてはるかにテレビ依存度が低い。そもそもリビングにテレビが置いてあることはまずない。あったとしても、収納家具の中に入れ、ふだんは扉を閉めて隠している。テレビをつけていると家族の会話が阻まれるのはもちろんのこと、むき出しにしておくことはいつもテレビばかり見ているようで、教養がないみたいでみっともないという感覚があるからだ。外資系のホテルに泊まると、テレビが観音開きの扉で隠されているのに気づくだろう。それは、こうしたスタイルを取り入れているからだ。

とりわけヨーロッパで「インテリ」を自任している家庭では、テレビを〝積極的に嫌う〟。ふだんはコンセントも抜き、クローゼットの中にしまっている場合もあるほどだ。テレビを見る必要があるときだけ、わざわざ引っ張り出してくるのである。

リビングですらこうなのだから、ましてダイニングにテレビが置いてあることはない。食事中は会話の邪魔にならない程度の音量でクラシック音楽などを流している家庭が多い。

では、テレビはどの部屋に置いてあるかというと、「デン」(den)である。みんなが集まる場所という意味では、リビングもデンも同じように家の中のパブリックスペースだが、両者は似て非なるものだ。

かしこまった客人を招き入れるのがリビングで、家族や親戚、親しい友人しか入れないのがデン。つまりデンは家族のくつろぎの部屋であり、テレビを見たり、読書や音楽鑑賞などの趣味を楽しんだり、編み物をしたり、子供がおもちゃで遊んだりする空間である。ここではテレビはむき出しで置かれている。

また、洗面所に小さなテレビを置いていることが多い。欧米のホワイトカラーにとって、テレビは情報ツールのひとつという位置づけだからだ。朝の出勤前に顔を洗い、ひげを剃りながら、ＣＮＮやＦＯＸで最新のニュースをチェックするのである。

日本の場合、リビングとデンの区別はなく、リビングが2つを兼ねている。だから、リビングにテレビがむき出しで置いてあるのだ。しかもリビングとダイニングがひと続きなので、ダイニングからもテレビが見られるようになっている家も多い。

日本の住宅事情を考えると致し方ないことではある。だが、食事中には絶対にテレビをつけてはいけない。これは１００％徹底したい習慣だ。もしも子供がテレビをつけたら、欧米の親がそうであるように、「消しなさい」と注意すべきである。

できればテレビは家具の中に入れて扉で隠してしまいたい。それが無理なら、布をかけておくぐらいのことをすべきだ。ダイニングはあくまでも食事をしながら家族との会話を楽しむ場所だからだ。

テレビがついていると、仮に会話があったとしても、「このタレント、しばらく見ない間に老けたね」「この歌手、最近髪型を変えたね」といった会話になりがちだ。それはＴＶネタであり、家族ネタではない。しかも子供からすれば、自分たちに親が無理やり合わせている話題だ。これは子供にナメられる原因になる。家族が一堂に会しているのなら、父親が司会進行役となり、子供の現状や将来についての話を聞くべきである。

また、子供部屋にテレビを置いてはいけない。子供が部屋にこもりきりになってしまうからである。テレビ依存度を低くすること——これが家族のコミュニケーションを取り戻すための第一歩なのだ。

テレビにかぎらず、家の中にはオフの敵が多い。私は仕事やプライベートで世界中の家を見てきたが、日本の家の安らぎ度を採点すると、30点程度にしかならない。

諸悪の根源は部屋が雑然としていることにある。テレビ周りやリビングやダイニングのテーブルには、たいてい新聞、雑誌、仕事の書類、子供の学習帳、遊び道具などが散乱している。視界の中に文字が見えるのは意外にストレスになる。

キッチンとなるとさらに目を覆いたくなる。冷蔵庫の上にオーブンレンジが載り、空いた床には何段もラックが積み重ねられ、冷蔵庫やそこらじゅうの壁にマグネットやピンでチラシやメモが止められている。まるでコックピットのようだ。

下駄箱のなかも履かなくなった靴が溢れ、玄関にはひとり当たり2〜3足の靴が放置されている。いつ売りに出し、買い手が見学にきても大丈夫なように、常に整然としている欧米の家とは対照的である。

手始めにテレビ周りを片付け、家の中から不要な物を追い出し、溢れ出ていた物を収納にしまおう。無機質なくらい整然としていても構わない。温かみがほしいならば花木を飾ればいいのだから。家が本来の安らぎの場となるはずである。

「家族の記念日」が楽しみになる2つの新習慣

欧米人は、夫婦の結婚記念日や家族の誕生日など記念日を非常に大切にする。

そうした日は会社を早退し、家族や親戚、友人を交えて祝うのがふつうだ。今日は結婚記念日だ、家族の誕生日だと聞いた周囲も、どんなに重要な会議の場でも、「それならば仕事はおれたちがフォローするから、今日はお前は早く帰れ」と当たり前のように勧める。日本において身内が危篤になった、葬式を出すことになった、というのと同じぐらい家族の記念日は仕事より優先すべきものと位置づけられているのだ。

日本ではそのような風潮はない。そもそも本人が、結婚後何年もたったり、子供が大きくなるにつれて記念日に新鮮味を感じなくなり、祝うことが半ば義務化してしまうようだ。結婚記念日や妻の誕生日を忘れ、妻にへそを曲げられた、という話も聞く。

そんな〝記念日下手〟〝記念日嫌い〟の向きには、２つの選択肢が用意されている。記念日にお祝いをするのをやめるか、どうせ祝うなら楽しむか、である。楽しみたいのなら、アメリカ人たちの記念日の過ごし方が参考になるかもしれない。

彼らの特徴は、「とにかくイベントにして楽しむ」ことにある。

たとえば、妻が近々誕生日を迎えるとしよう。夫は妻に「誕生日には家族で食事に出かけよう」といっておき、一方で子供や親戚や妻の友人などと「サプライズ・パーティ」の計画を練る。誕生日の当日、適当な理由をつけて彼らの誰かに妻を家の外に連れ出してもらい、その間に、妻には内緒で残った夫や子供、親戚、友人たちと協力して家の中を飾り付け、料理や飲み物を準備し、電気を消して妻の帰りを待つ。そして帰宅した妻が部屋に入った瞬間、電気をつけ、みんなで「ハッピー・バースデー！」をいい、クラッカーを鳴らし、シャンパンを抜くのである。

まさか自分のために、家族ばかりか親戚や友人までもがそんなふうに祝ってくれるとは想像もしていなかっただけに、妻の感激もひとしお――という仕掛けである。思いもしない趣向で驚かせる（surprise）という意味から、この種のパーティはサプライズ・パーティと呼ばれているわけだ。どうせお祝いをするなら祝う側にとっても盛り上がれるイベントにしてしまうという発想が、いかにもアメリカ人らしい。最近は誰でも携帯電話を持っているので、祝われる本人に内緒で周囲がパーティを企画しやすくなっているようだ。

サプライズ・パーティは、誕生日だけでなく、結婚10周年、20周年、あるいは勤続10周年、20周年といった節目のときに企画されることが多い。驚かせるのも目的だから、毎年ではなく、ここぞというタイミングで開かれる。私もマッキンゼー・アンド・カンパニーに勤めていたときには何度も協力し、あの手この手で本人を連れ出す役を果たしていた。

祝わなければならないという義務感で集まるのではなく、自分たちも楽しもうという発想でみんなが足を運ぶのだから、この種のパーティは盛況である。日本でも、家族や親戚といった身内で、妻や子供の節目となるような誕生日、自分たちや両親の銀婚式（結婚25周年）、金婚式（結婚50周年）を祝えば、いままでとは全く異なる楽しい記念日が過ごせるはずだ。祝ってもらう当人にとっては、実際に驚かされたかどうかよりも、みんなが協力して自分を驚かそうとしてくれたこと自体が嬉しいものだ。サプライズ・パーティは開いてもらった当人にとっても祝う側にとっても、先々までずっと残る大切な思い出になるだろう。

もうひとつ、〝記念日下手〟〝記念日嫌い〟の人を悩ますのが、記念日に付き物のプレゼント選びである。これについても、アメリカ人たちは実に上手くやっている。

アメリカには昔から、結婚が決まったり第1子の出産を控えた友人のために、結婚式や出産の前に友人や親戚が当人たちに内緒で企画するパーティがある。当日、突然自宅を訪ねて、カップル（夫婦）に一人ひとりがプレゼントを渡すのだ。こうしたパーティは「シャワー（shower）」と呼ばれる。結婚を前にしたシャワーが「ウエディング・シャワー」、出産前のそれは「ベビー・シャワー」だ。サプライズ・パーティの一種といっていいだろう。

プレゼントは、パーティの最後に開けられる。新婚生活や赤ん坊を育てるのに必要なモノがほとんどなので、まだ経済的に余裕のない若いカップル（夫婦）は大喜びだ。しかも日本と違って「お返し」の習慣がないから煩わしさもない。

以前、このシャワーで面白い試みをしたインターネット・サイトがあった。そのサイトに結婚する2人が値段と優先順位をつけて欲しいモノのリストを書き込み、同時にリストを告知してほしい親しい仲間たちのEメールアドレスを記入する。すると、サイト側が「○○さんの欲しいプレゼントのリストが当サイトに掲載されています」といったEメールを彼らに送る。サイトにアクセスした友人や親戚たちは自分のプレゼント予算をサイト上に書き込んでいく。

結婚する2人は予算の合計額の範囲内で、リストの優先順位に従って購入する商品を決定し、友人や親戚は自分が記入した額をクレジットカードで決済する、という仕組みだ。出産祝いでも、同様のサイトが登場し、商品購入サイトにクリックひとつで飛べるようになっていた。ギフトは大きな産業であり、記念日や祝い事などの〝お祭り〟にも適している。最近では一般の店で売られていないサプライズ・ギフトだけを掲載したサイトも登場してきている。

このサイバー・シャワー方式だと、当人たちが欲しいモノを確実にプレゼントできるし、1人でプレゼントする場合に比べて高額なものを贈れる。たとえば、妻の誕生日には妻から欲しいモノを聞き出し、自分だけではなく、少額でもいいから子供や遠方に住む両親、義父母たちからも〝出資〟を募る。こうすれば、妻は喜ぶし、みんなで祝った雰囲気が演出できる。その〝出資者〟に夫婦の親しい友人が加わればなおさらである。このやり方は妻の誕生日だけでなく、両親の誕生日や結婚記念日などでも効果を発揮するだろう。

何事もイベントにして楽しんでしまおう。1人では買えないものを複数の友人や親戚がお金を出し合ってプレゼントしてしまうといった、貪欲な遊び心が記念日を楽しい一日に変えるのだ。

家族をもてなす〝男の料理〟は外食で腕を磨く

仕事相手との会食や仲間内での食事会など、外食の機会は少なくない。それを単に「美味しかった」だけで終わらせ、誰にもアウトプットしないとしたら、実にもったいない話である。そこで、外食体験を家庭に還元する方法について考えてみたい。

家族と食卓を囲んでいて話題に困ることがあるだろう。朝食や夕食時、テレビを消して、いざ家族団欒を楽しもうと思ったものの、さて何を話そうか。困った――。食事中の沈黙が怖くてテレビを一番必要としているのは、実は夫、父親ではないだろうか。そんなときに威力を発揮するのが外食体験だ。

①食事中の話題の定番「最後の晩餐」のネタにしよう!

ヨーロッパ人が好むテーブル・カンバセーション(食事中の会話)の定番が、「最後の晩餐」だ。もしも明日この世が終わってしまうとしたら、死ぬ前にどこの店で何を食べたいか、を披露し合うのである。自慢話ほど聞く側にとって迷惑なものはないが、「こんな美味しい店を知ってる」という自慢だけは、聞く側に身を乗り出させるぐらい興味を与えるものだ。

接待で使った店、同僚と行った店、レストランウエディングで訪れた店……そうした店で妻や子供たち以外とした外食は、すべて家族で食べに行くための下見である、と発想をかえてみよう。すると、自分がすでに「週末に家族で食べに行きたいリスト」を少なからず持っていることに気付くだろう。

「最後の晩餐」よろしく、とっておきの外食体験を家庭で語ることは、週末のイベント候補を増やすきっかけであり、妻や子供に「家にいない間の自分」を知ってもらうきっかけにもなるに違いない。もちろんこの種の会話は、友人との会食でも披瀝《ひれき》したいし、その内容を家族に持ち帰るのもいい。

②子供に食事のマナーを伝授しよう！

外食をすると、今まで知らなかった食べ方やマナーと出会うことがある。刺身を食べるときのワサビのつけ方などは典型例ではないだろうか。ワサビは醤油にとくのではなく適量を刺身自体につけるのだと、社会人になってから知った人は少なくないだろう。

そんな素朴な驚きを家で食事をしながら子供に話してみよう。躾や説教として押し付けてしまうと敬遠されがちなマナーの話題だが、雑談として話すと子供たちは意外に興味を持つ。あくまでも関係のない食事をしているときにこそ、効果的なマナー伝授ができる。食べ物を口に入れたまま話してはいけない、という代わりに、外国では嫌がられる、といえば説教には聞こえないし、むしろ習慣の違いの話になる。家に遊びにきた外国人が石鹸の泡をつけたままお風呂に入っちゃってお湯を入れなおす羽目になった、という類いの笑い話と同列で語りたい。

ナイフとフォークを使った食事で手を休めるとき、ナイフの刃を対面に座っている人に向けて置くのは敵意の表現になり、失礼だ。ナイフの刃は自分の方を向くように置かなければならない――こんなことも、家で和食を口にしながら蘊蓄として話したほうが子供は素直に聞ける。

あくまでも面白い話であることが最優先だから、海外でのマナーも話題になる。外国人ビジネスマンたちと会食する機会があったら、土産話は満載になるはずだ。

たとえば、日本では全員で「いただきます」といって食事が始まるが、欧米には、お祈りをしたあとの「アーメン」を合図にする信仰心の篤い家族を除いて、「いただきます」に当たる言葉がない。どうするかというと、ホスト（父親や招待者など）がナイフやフォークで料理に手をつけるのが無言の合図となって、全員が食べ始めるのだ。

中国や台湾のマナーも面白い。出てきた料理を平らげてしまうと、招待した側は「まだ満腹になっていない」のだと思って、料理を追加してしまう。少し残すことが、「ご馳走さまでした」というメッセージになるそうだ。また、デザートを食べ終えたら、客人たちは数分後には「今日はありがとうございました。これで失礼します」と挨拶して帰るのが礼儀だ。いつまでもお茶を飲みながらダラダラ話をしていると、ホストはいつまでも席を立つことができない。招待者は客人がすべて帰るのを待つのが礼儀だからだ。

マナーの話は子供にとって最高のコミュニケーション教育になる。

③男の料理で家族をもてなそう！

外食体験が活かせるのは会話だけではない。

外食で味わった料理を家で食べたいと思うのなら、自分の手で作ることを提唱したい。料理店や居酒屋で「この料理は美味しい」と思ったら、お店の人に作り方を聞くのが近道である。大抵は快く教えてくれる。特にチャーハンや居酒屋で出してくれるような一品料理は、料理人のちょっとした一言が決め手でいい味が出せるものだ。

かくいう私も、以前、日立製作所勤務時代に日立市に住んでいた頃、料理学校に通ったことがある。またフランスで食べた卵焼きがジューシーで気に入ったのがきっかけで卵焼きの作り方を現地で習ったこともある。これは今でも我が家では好評の一品である。

妻への慰労もかねて週末に台所に立ってみよう。食材を自分で買い求め、時間をかけて下ごしらえをし、台所に漂う香りをかいでいると、何ともいえない満足感が味わえる。料理をしているときというのは、意外と頭がからっぽになり、とてもいい気分転換にもなる。

一度で納得のいく料理を作ろうとすることはない。上手くいかなかったら、再び同じ料理人にさらなるアドバイスを求めるもよし、料理本やインターネットでその料理のレシピを調べてみるもよし。この料理をもっと上手に作りたい、という気持ちがあれば、必ず上達できる。

妻や子供から、「久しぶりにお父さんの作ったあの料理、食べたいな」といわれたときのことを想像してみてほしい。家族の食卓に父親の作ったメニューが加わる。こんなに贅沢で楽しいことはない。

〝夫婦別行動〟で家族の会話を豊かにしよう!

同じ趣味を楽しむことが夫婦円満の秘訣、とよくいわれる。夫婦で一緒に過ごす時間が多くなるし、共通の話題も増えるからという理由だ。

若い頃は私も、その方が夫婦の絆を強めることができると信じていた。だが、結論からいえば、別々の趣味を楽しむ方が夫婦関係は円満になる。

理由は大きく2つある。

1つは、夫婦の会話が豊かになるからだ。子供が巣立つと、家族共通の趣味が少なくなり、残り少ない人生、お互いに好きなことをやろうというムードが高まってくる。その結果、今の私はひたすらアウトドア派。一方、私の妻は篠笛《しのぶえ》、龍笛《りゅうてき》、能管といった邦楽の楽器を演奏するのが趣味で、歌舞伎の公演などもよく見に行っている。また、草花や星座が好きで、一緒に都内の緑豊かな場所をサイクリングした折や、地方や海外に旅行に行ったときなどはエキスパートのガイドさんと旅している気分だ。

妻はよく食事の時間などに、こうした趣味の魅力や面白い体験について私に話してくれる。いずれも私はまったくといっていいほど何も知らない世界だ。私は妻の話に耳を傾け、もっと知りたいことがあるとすかさず質問したりしている。

話し手と聞き手、双方の知識量がある程度一致しないと会話は盛り上がらない、というのは大いなる誤解だと思う。要は話し方であり、聞き方である。

妻がどんな世界に興味を持っているのか知りたい、未知の世界の話が聞きたいと夫が思っているなら、会話は弾む。私も妻の話をいつも楽しみにしている。妻もまた、私の話を夢中で聞いている。

こうした会話は話し手にとっても楽しいものとなる。自分が夢中になっていることを相手に伝える喜びと、趣味仲間からは出てこない意表を突く質問をされる刺激に満ちているからだ。

ところが、夫婦が同じ趣味ばかりやるようになると、こうしたバランスが崩れてしまう。男は教えたがりの生き物だから、いつも夫が話し手で妻が聞き手になってしまい、会話が一方通行になる。「妻の趣味は神聖にして侵すべからず」――妻が大切にしている世界に自分も飛び込もうとするのではなく、よき聞き手に徹することがとても重要なことだと思う。それが趣味に関する夫婦間のマナーであろう。

世の中には休日に妻がコンサートや美術館に外出すると、「家のことをほったらかして遊びに行くのか」と不満を持つ夫がいるが、私はまったく反対で、「面白かった！」という妻の笑顔を見たくないのかと不思議になる。食事時に土産話が聞けると思えば、もっと気持ちよく妻を送り出せるはずだ。子供と一緒に留守番し、妻に外出の機会をプレゼントするぐらいの思いやりがあっていい。

それに、いくら夫婦仲が良くても、オフはいつもずっと一緒というのでは息がつまってしまう。別々の趣味――つまり別々の時間を持っていれば、逆に「一緒に過ごす時間を大切にしよう」「別行動の時間をどんな風に過ごしたのか話を聞きたい」という気持ちは高まっていくはずだ。

２つめの理由は、最良の趣味仲間が妻、あるいは夫とはかぎらないからだ。若い頃に私は、妻と２人の子供と一緒にスキーやサイクリング、スキューバダイビング、オフロードバイク、スノーモービルなどに出かけていた。ところが、これらの中で妻が今も続けているのはスキーとサイクリングぐらいである。いくら夫の趣味といっても、自分が好きなものでなければ続かないのは当たり前だ。

また、スポーツや楽器など参加型の趣味の場合は、別のやっかいな問題もある。特にオフロードバイクやスノーモービルは、ちょっと油断をすれば大怪我をしかねないスポーツだ。初心者が一緒だと、怪我をしないだろうかとヤキモキしてしまい、なかなか楽しめない。特に私の妻のように本格的に演奏を趣味にしていると、指の怪我で演奏会が開けなくなることもあるから、危ないことはできない。

実際、妻は子供たちと一緒に剣道を始め、三段にまでなったが、最近は指の怪我を心配して邦楽との両立ができなくなったようだ。心配される側も、自分がお荷物になっているようで居心地が悪いだろう。習熟度が異なると一緒には楽しめないのが参加型の趣味なのだ。

このように趣味は、同じようなレベルの人と楽しんだ方が充実度も満足度も高くなる。大事なのは、お互いに無理をして同じ趣味を持とうとすることではなく、それぞれが自分の趣味を相手に話す機会を持つことである。どちらかが我慢を強いられることなく、自分の人生を満喫してこその夫婦だ。毎週末、夫の釣りに付き合わされては妻もいい迷惑だろう。

では、夫婦に共通の趣味は要らないのか？　無論そんなことはない。せっかくのオフなのに、夫婦がいつも別行動では淋しすぎる。経験からいうと、趣味を楽しむ回数の5回に1回程度を夫婦一緒に過ごすというバランスが理想的だ。いいかえれば「自分の時間」が8割、「夫婦の時間」が2割というのが健全なバランスだ。

共通の趣味と出会う秘訣は、夫婦いずれかが新しい趣味を始めるときに相手を誘ってみることだ。テニスに挑戦してみるのもいいし、水泳教室に通うのもいい。山登りもいいだろう。2人でハマることができたら、普段のオフもより楽しくなるし、老後の楽しみも倍増する。

どちらかが途中で飽きてしまっても気にすることはない。前述のとおり、妻は私が趣味にしているスポーツをひと通り経験しているので、「今日はオフロードバイクを乗りに行ってくる」「今度の週末はスノーモービルをやってくる」といっても、快く送り出してくれる。自分も面白さの一端を知っているからだ。妻がこうした趣味に理解を示してくれていることをとても感謝している。

こうして私と妻はオフの大半を別々の趣味の世界で遊んでいる。それだけに夫婦で一緒に過ごすイベント――年に1度、カナダのウイッスラーで丸々1週間滑りまくるスキー旅行と、年に何度かのクラシックコンサートなどは、何があっても絶対にキャンセルしない。

私の周囲を見渡しても、仲のいい夫婦は一緒に過ごすイベントと別々に過ごすイベントのバランスがとてもいい。それぞれが豊富な話題を持っているので、話を聞いていてとても楽しい。「何でも一緒の方が夫婦は円満になる」という強迫観念は捨てよう。

単身赴任を〝逆手〟に取り家族との絆を深める

ビジネスマンにとって避けて通ることのできないものの一つが人事異動だ。部署が変わっても勤務地が同じならば純粋に仕事上の問題として対処すればいいが、転勤を伴うとなると生活そのものが影響を受ける。

家族で赴任すべきか、それとも単身赴任すべきか。ビジネスマンを悩ます大きな問題だが、善し悪しは別として、日本では子供の学校の問題や購入したマイホームのことを考え、単身赴任を選択せざるを得ないケースが多い。

その場合、問題となるのが、いかにして家族の絆を保つかである。世の中には単身赴任をきっかけに夫が赴任先で愛人を作ったり、留守を守るべきの妻も寂しさから不倫に走ったりして、結果として家庭崩壊につながったという話は枚挙に暇がない。そこまでいかなくても、家族の心が離ればなれになってしまったということはよく耳にする。

そうした事態を避けるためにも、離れていても家族の絆を強固なものにするにはどうすればいいか、ということについて考えてみたい。

その際、前提として考えておかなければならないことは妻の資質だ。夫が単身赴任するということは、会社にたとえれば、本社以外に支社が新設され、そこに社長（夫）が赴くということである。そのとき、本社に残った専務（妻）にマネジメント能力（家族の絆を保ち、子供を教育する能力）があるのか、ということだ。それがあるならば妻に任せればいいが、ないならば夫が直接マネジメントしなければならない。まずはこれを見極めなければならない。

また、仮に妻に能力がある場合でも、家族のあり方についての考えや子供の教育方針について夫婦が事前に十分に話し合い、一致させておく必要がある。これをないがしろにしたために後にトラブルとなったビジネスマンが数多くいるのだ。この前提の上で3つの方法を提案したい。

①プロジェクトを作る

私の知人のビジネスマンは、単身赴任時代にサックスを習い始めた。単に自分の趣味を増やすためではない。妻はバイオリンを弾くことができ、中学生の娘はピアノ教室に通っていた。そこで「1年後に家族3人でこの3つの曲を合奏できるようにしよう」と提案したのである。そして、月に1度家に戻ったときには一緒に練習し、ふだん電話で話すときにはお互いの進捗状況を報告し合うようにした。

このように家族全員が参加する長期プロジェクトを作ることは非常に有効だ。それがあれば、共通の目標に向けて家族の心は1つにまとまるし、ふだんの会話にも困らないはずである。

プロジェクトは何でもかまわない。たとえば、子供が小学生ならば、昆虫や押し花の標本を作ることを提案してみてはどうだろう。妻と子供は自宅の周辺や近郊で昆虫や花を収集し、夫は赴任先で探す。

そして、1年後にその2つを合わせて1つの標本として完成させるのである。デジタルカメラでそれぞれの土地の四季の移ろいを記録し、デジタルアルバムを作るのもいいし、家族全員で新しいスポーツに挑戦し、会うたびにそれを楽しむのもいい。1つの目的に向かってみんなが一丸になることで結束が強くなる——これは仕事でも家庭でも同じなのだ。

②スケジュールを共有する

家族それぞれの誕生日、祖父母の誕生日、結婚記念日、子供の入学式や卒業式、七五三……といった家族の記念日の類を1年先まで書き出してみよう。平均すれば月に1回程度はあるはずだ。

こうしたスケジュールを家族全員で共有することが大切だ。共有すれば、記念日には一緒に過ごそうと提案もしやすい。そして、記念日ごとに家族の誰かを責任者に決め、その日はみんなで何をするか、どこで食事をするか、予算はいくらにするかといったことを考えさせるのだ。一人一人に責任を持たせることで人間としての成長にもつながる。特に子供にはいい教育にもなる。可能ならばいつ長期休暇を取るかも決めておき、家族それぞれが旅行の計画を練り、予算も決める。そしてどこに行くかを決める段になったら一斉に発表し、もっとも優れたプランを採用するのだ。これならばみんな俄然張り切るはずである。

③サイバー空間を利用する

家族との連絡といえば電話かメールが一般的だ。だが、どうせならもう一歩進め、双方のパソコンにテレビ電話機能を導入し、顔を見ながら話をすることをお薦めする。グループウエア（ファイルを共有し、みんながアクセスすることを可能とするソフトウエア）をパソコンに入れておけば、スケジュールの共有も簡単だ。また、家族でインターネットのオンラインゲームを楽しめば、特に子供とのコミュニケーションを取るには格好のツールとなる。

このようにサイバー空間を積極的に利用することで、家族の心理的な距離はぐっと近づくはずである。

これまであげてきたような工夫を施さないとどうなるか。知人のビジネスマンは家族に電話をしても、お互いに「元気？」「変わったことはない？」……といったことしか話すことがなく、３分もすると会話が詰まってしまうと嘆いていた。

次に、単身赴任先での過ごし方についても考えてみたい。慣れない土地のため、つい会社の人間とばかりつるんでしまうのが日本人の悪い習慣だが、考え方を変えると単身生活をより有意義なものにすることができる。

ある大手電機メーカーの技術者・Aさんはアメリカのノースカロライナ州のある街に単身赴任していた。彼は現地の工場長として赴任すると、ボランティアで地元の学校の運営に積極的に協力し、運動会にはアメリカ国家を英語で独唱したという。そのおかげで地元でも会社でも大変な人気者になっていた。

私がその街に立ち寄った際にタクシーに乗ったときのこと。私が日本人だとわかると運転手が「お前はAを知っているか？　彼は偉大なアメリカ人だ」と褒めちぎったほどだ。

是非この例にならい、赴任地では積極的にボランティア活動を行なってみてはどうか。自分には特別な能力も技術もないから、と尻込みする必要はない。ボランティア活動においてもっとも大事なことは、自分の時間を捧げることだからだ。そうすることによって自分の幅も人脈も広がるばかりか、尊敬さえされるのだから、まさに一石二鳥だ。

単身赴任は下手をすれば家庭崩壊のきっかけになりかねないが、やりようによっては家族の絆を強め、自分自身も充実した生活を送ることもできるということを胸に刻んで欲しい。

妻に「自由」「権限」を与えれば「熟年離婚」は遠のく

熟年離婚の勢いが止まらない。厚生労働省の人口動態統計（２００３年版）によると、平成15年の離婚件数は過去最高だった前年より５９８２件減少したものの28万３８５４件と相変わらず高水準を推移している。

なかでも注目すべきなのは、同居期間30年未満ではほとんどの同居期間で対前年度比で減少しているのに対し、30年から35年、35年以上では増加している点だ。昭和50年に比べると、それぞれ12・4倍、16・5倍にもふくれ上がっている。

しかも、離婚を切り出すのは圧倒的に妻の側からだという。知人のビジネスマンは会社ではやり手のエリートとして重役クラスまで出世したが、定年と共に妻から三行半《みくだりはん》を突きつけられた。現役時代は仕事、仕事で家庭を顧みず、連日午前様で休日も接待ゴルフ。子育てはすべて妻任せで、子供と遊ぶこともなかった。定年を迎え、これからのんびりしようと思っていた矢先に妻から離婚を申し渡され、退職金を半分とられた上に、財産分与のためやっとのことでローンを払い終えた一戸建ての家も売り払うハメになった。

「家族のために一生懸命働いてきたのに、なんでこんな目に遭うのか……女房が離婚を考えているなんて思ってもみなかった……」

と、彼は途方に暮れていた。

彼のような企業戦士たちが強烈なしっぺ返しを受けているのだ。穏やかで精神的に豊かな老後を送るためには伴侶の協力が不可欠である。彼のような失敗を犯さないためにも妻との接し方、信頼関係の築き方について考えてみたい。

まず、私が日頃感じていることだが、そもそも会話の内容が子供のことだけだという夫婦が意外に多いのに驚かされる。話題が子供のことに限定されると、お互いが一個人として何を考え、感じているかということが相手に伝わらなくなる。

家族は夫婦関係と親子関係で成り立っているが、夫婦が子供を介さずに直接向き合う時間を持たないでいると、家族は不安定になってしまう。

そこで提案したいのは、「毎週木曜の夜は家庭の定期点検をしよう」の項でも述べたように、妻との時間を週に1度は共有するということだ。

私は日立製作所からマッキンゼー・アンド・カンパニーに転職してから、最初の5年間は超ハードな日々を送り、妻との時間の共有がほとんどできなかった。あるとき、このままでは妻との溝が深まってしまうと感じ、実践したのが時間の共有だった。

週に1日は何があっても妻と2人だけで夕食をとり、妻が今どういう気持ちで生活しているのか、不満や悩みはないのか、あるのならどうすれば解決できるか、を徹底的に話し合った。

ここで注意しなければいけないことは、「空いた日にでも話そう」と考えないことだ。まず、妻と話し合う日を先に決めて、スケジュールに組み込むのだ。往々にして妻との約束は後回しにしがちだが、これは大きな間違いであると私は思う。

孫ができた今でも私は週に1度は家の近所のレストランや一杯飲み屋に2人だけで出か

けて、会話をするように心がけている。おかげで現在でも妻が何を考えているかはしっかり把握できていると自負している。

私の妻はアメリカ人で、当初は当然のことながら、日本語の力が十分ではなかった。そこで、私はいい日本語学校を自分で調べて通わせた。また、楽器演奏が趣味なので、音楽の先生も紹介した。これにより、日本での生活に慣れていなかったにもかかわらず、精神的な危機に陥らずにすんだ。日本男性の場合、妻が何かをしようとしても関知しないケースが多い。そうではなく、妻が勉強や趣味で目標や楽しみを持てるよう夫自身が努力し、手助けすれば、妻は自分のことを気遣ってくれていると感じ、それだけで夫への信頼度は格段とアップするはずである。

多忙なビジネスマンを夫に持つ妻の多くは不安感を抱いていると思っていい。そこで私がしてきたことの2つ目は向こう1か月のスケジュールをオープンにすることだった。月初めにその月の出張予定などを全部書き出して妻に見せたのである。例えば、いつからいつまでアメリカに出張する予定があるということを先に知らせておけば、「それならその期間は私は実家に帰れる」というふうにスケジュールを立てやすくなり、フラストレーションもたまらない。今ではインターネット上で向こう1年分のスケジュールを秘書と共有させている。

少なくとも、「明日から出張だから」などと突然いい出して、妻があたふたするようなことだけは避けた方がいい。そういうことを繰り返していくうちに妻のストレスがワインの澱《おり》のように溜まっていってしまうのだ。

また、妻を自分の所有物のように扱うことだけは絶対に止めるべきだ。

こんな例がある。あるとき、御殿場で気の置けない仲間たちと1泊2日でパーティ＆ゴルフ大会というイベントがあった。1日目の夜はパーティ、2日目はゴルフを楽しむといった趣旨だったのだが、何人かの参加女性はパーティが終わるといったん都内の自宅に戻り、翌朝またゴルフのために訪れた。聞けば、彼女たちのダンナさんは、妻が常に家にいて身の回りのことをしないと不機嫌になるから仕方がないのだという。これはいただけない。

知り合いに聞いた話だが、そうしたことを続けていくうちに表面上は夫に従っているように見せながらも内心は不満を募らせていくという。女性は女同士で情報交換を頻繁に行なっており、自分の夫の度量の狭さを知るにつけ、怒りが増幅していくというのである。

家政婦代わりにされれば、妻が怒るのも当たり前。会社で横暴な上司からこちらの都合を考えずに、あれこれ用事をいいつけられた際に「俺はあんたの奴隷じゃない！」と内心憤った経験があると思う。それと同じことなのだ。

同様に何事も夫が決定権を握り、「主人に聞いてみなければわかりません」と妻にいわせるようなことでは信頼関係は築けない。当たり前だが、妻にも独立した人格を認め、自由な時間と行動、そしてある程度の権限を与えることは人間としての思いやりである。

夫婦のコミュニケーションの維持に花束などのプレゼントはあまり意味をなさない。カネをかける必要もない。私は週末になると妻と自転車に乗って都内をブラブラとサイクリングしているが、それがコミュニケーションをとる上で非常に役立っている。要は時間をかけることが重要なのだ。

愛情は時間で計る――これが実践できれば揺るぎない信頼関係が築けるはずである。

家族という「チーム」をマネジメントする

周囲を見渡すと意外と奥さんとギクシャクした関係に悩んでいるミドル世代が多いことに驚かされる。そのままの状態が続くと精神的にも疲れ、仕事にも悪影響を及ぼすケースが少なからずある。

知人のビジネスマンの話だが、彼には名門私立中に通う息子がいるのだが、悪い仲間と付き合ってしまい、酒やタバコはもちろん、クラブ通いで無断外泊までするようになってしまった。多忙を理由に子育てを奥さんに任せていたため、息子の行状を知って、奥さんのことを責めたという。

だが、奥さんは一方的に責められたことで日頃の鬱憤が爆発。その態度に怒った彼も声を荒げて大喧嘩に発展してしまい、今では満足に口もきかなくなってしまった。家庭がそんな不安定な状態だから集中力を欠き、仕事でもミスが目立つようになってしまったという。

子供の問題に限らず、妻が自分勝手な態度ばかり取る、家のことをほったらかして遊び回っている、高額のブランド品を買い漁って家計に支障をきたしている……しばしばこうしたことについて愚痴をこぼす人がいるが、もとはといえば、妻に対する夫のマネジメントが下手だからだと私は考えている。

会社においてもミドル世代に求められているのはマネジメント能力だ。事業計画を立てる、チームのメンバーの資質や能力を見定め、役割分担や権限を移譲する範囲を決める、定期的にミーティングを開き、進捗状況をチェックする、計画通りに成果が上がっていなければ原因を探り、改善策を施す、メンバーのメンタル面にも注意を払う……といった具合だ。

家庭を上手に運営するためにも、こうした概念を持ち込み、家族というチームをマネジメントしてみてはどうか。

特に妻と衝突しやすいのが子育てだろう。教育方針に始まり、習い事、学校選び……これらの問題で夫婦の意見が合わず、お互い一方的な意見を押し付け合い、最悪の場合、子供の前で言い争いをするといった状況になることも多いと聞く。そうならないためにも、まず自分の意見をゴリ押ししたりせず、妻と冷静に話し合ってみよう。どういう子供に育てたいのかという基本方針を定め、子供に何歳までに何を教え、学校の長期休暇中や誕生日などに家族でどういうイベントを催すかといった計画を立てる。そこで妻の資質を見極め、どこまでを妻に任せ、どこから先は自分が直接タッチするかを決めるのだ。その上で、週に1回は妻や子供とじっくり話し合い、子供の状態を把握しておく。もしも子供に何か問題があるようなら、なるべく早く解決を図る。会社におけるマネジメントそのものだ。

子育てにおいては「機会を逃さない」ことが重要だ。子供はつねに成長、変化しており、人としてのモラルなど大事なことを教えるべきタイミングを逃し、そのままにしておくと、欠陥を抱えたまま育ってしまう。

また、親子が一緒に何かをして楽しむ場合、子供が5歳のとき、10歳のとき、15歳のときでは内容は大きく異なる。子供が5歳のときにはそのときにしか教えられないことや一緒に楽しめないことがある。それを逃し、10歳のときに、と思っても遅い。だから、機会を逃してはいけないのだ。

また、夫婦間のトラブルを避けるためにも、ルールを作り明文化しておくことを薦めたい。日常生活において重要なのは時間配分である。家族全員で過ごす時間、夫婦だけで過ごす時間、それぞれ自分ひとりで過ごす時間——この配分を決めずに行き当たりばったりで生活していると、どれかが過剰になったり、不足したりと、バランスを欠くことになる。

その結果、気持ちのすれ違いが起こったり、不満が鬱積してしまうのだ。だからこそ、ルールをきちんと紙に書いてお互い1部ずつ手元においておくのである。そうすれば「いった」「いわない」で無益な喧嘩も少なくなるはずだ。

妻の管理能力不足からトラブルになる場合ももちろんあるが、一方で夫の旧態依然とした考え方が原因になることも多い。その代表例が親の介護問題である。

日本では夫の親が高齢になったり、病気になったりすると、親を家に引き取り、妻に介護させるケースが多い。同居しないまでも、親の家や病院に通い、面倒を妻に見させるのが当たり前という風潮がある。

だが、こんな〝常識〟が残っているのは先進国の中では日本だけである。欧米では、配偶者に先立たれても、親はぎりぎりまで自分の面倒は自分で見る。いよいよひとりではどうにもならなくなったら、介護士を雇うか、公共の福祉に頼る。日本のように妻に面倒を見させるという考えは始めからない。

しかし、日本では夫が妻を介護士扱いしているようである。それが妻を疲れさせ、大きな不満を抱かせる。夫の親を介護させられた上に、将来、夫の面倒まで見なければならないのかと思うと自分の人生に疑問を感じてしまうらしい。近年激増している熟年離婚の原因のひとつはこれである。

とはいえ、現実に年老いた親の面倒は見なくてはいけない。どうしても自分の親の介護を妻に任せたいならば、契約書を取り交わし、報酬を支払うという方法を提案したい。あくまでビジネスと割り切るのだ。妻も報酬をもらうことで損をしているという気持ちを抱くこともなくなるはずだ。それが嫌ならば、夫自ら会社を休んででも介護をする覚悟を持たなくてはならない。

逆に、妻の親の場合はどうしたらいいか。嫁よりも実の娘に面倒を見てもらった方が気が楽というのが年老いた親の共通の意見だ。ならば、事業計画と同様に介護にかける金と時間を話し合いによって取り決め、その範囲内で妻の自由にさせたらどうだろう。

当然、買い物、料理、炊事、掃除、洗濯といった家事は従来のようにはいかなくなる。

しかし、夫も応分の負担を覚悟したほうがよい。そもそも必ずしも妻が自分より長生きするとは限らない。万が一妻に先立たれたケースも想定し、その準備だと考えれば、苦にならないだろうし、今まで見えなかった妻の苦労もわかるようになる。

夫婦それぞれ自分の親について自分が介護するのは自由。それによって生じる生活のマイナス面はお互いに負担し合う。絶対に自分の親の介護を押しつけない――これを肝に銘じてほしい。

7章

目から鱗の子育て術

「ジャングルの掟」で子供に危険を体験させよ

週末や長期休暇に家族でオフを過ごした小中学生の子供を持つ親から、「子供が心底楽しんでいる様子がなかなか見られない」という話を聞くことがある。

くったくのない子供の笑顔は、親の日頃の疲れも吹き飛ばしてくれるものだ。せっかく家族ぐるみのオフを計画したのに、肝心の子供がいまひとつ冴えない表情を浮かべているのが、残念でならないという。

そんな場合、週末や長期休暇に子供とどんなオフを過ごしているか、チェックしてみてほしい。

①子供を連れて行くのは、自然に溢れた場所か？　それともコンクリートの柵で覆われているような娯楽施設か？

②子供には、命にかかわる最低限の注意だけして、自由に遊ばせているか。それとも怪我をしないよう絶えず監視し、一切の危険に触れないよう細心の注意を払っているか？

③竹馬やベーゴマといった自分が子供時代に夢中になった遊びを教えるなど、子供と同じ

目線で一緒に楽しんでいるか。それとも子供の娯楽と大人の娯楽は別だからと諦め、見下ろす目線で子供に遊びを「与えて」いるか?

①〜③いずれも、前者の態度をとってこそ親子でオフを満喫できる。なぜか? 自分が子供だった頃、何が楽しかったか、どんなことが心に残っているかを思い出してもらえばわかりやすいだろう。

おそらく40代以上で郊外や地方出身ならば、長期の休みは野山を駆け、海で泳いでいたはずである。都会育ちでも田舎にある親の実家で、親戚の子供や地元の子供たちと日が暮れるまで、一緒に自然に親しんでいたのではないだろうか。

この年代の人が小学生だった30年以上前、子供を連れて長期旅行に出掛けられる家族などきわめて限られていたし、高度成長期の父はいつも忙しく、家族みんなでオフを楽しむ発想などなかった。それでも夏休みの終わりや日曜の夜は、あっという間にやってきた。それぐらい時間を忘れて遊んでいたはずだ。

私は福岡県北九州市に生まれ、小学校2年生のときに横浜に越してきた。いまから50年以上も前のことだ。

当時は横浜といっても、豊かな自然に溢れ、小川や田んぼ、森がたくさんあった。

自然の中での遊びには多少の危険が伴う。ハチに刺され、マムシにかまれ、木から落ちる。実際、近所にマムシにかまれた子供がいた。それでも親から外で遊ぶなといわれたことなどなかった。森とはそういう所だと親もわかっていたからだ。

自分や友だちが危険を経験することで、ハチやマムシの避け方、刺されたりかまれたりしたときの対処法、あるいは木から落ちない登り方といった知恵を、自分の身は自分で守らなければならないという「ジャングルの掟」を学んでいった。ジャングルの掟を体得し、存分に自然と遊ぶことができる子供は、周りの子供たちにとってヒーローだった。

自然には楽しさが満ちていると同時に、いろいろな危険が潜んでいる。だが、その危険を自分の知恵でどう回避するかとあれこれ工夫することを含めて、子供は自然を楽しむのである。

こうした体験を思い出せば、「作り物の施設で危険のないお仕着せのオフ」を用意しても、子供が物足りなさを感じる理由がわかるだろう。それなら家族で出掛けるよりもテレビゲームで遊ぶほうが面白い、と子供がいうのもやむをえまい。

私はふだんでも近所でベーゴマを回したり、竹馬や竹とんぼを作って遊んでいた。当時、家族でオフを楽しむ習慣などどの家庭にもなかったから、ご多分に漏れず私も父親と一緒に遊んだ記憶はほとんどない。

そもそも父親とは喧嘩ばかりしていたので、楽しい思い出はかぎりなくゼロに近い。それでも、父親が得意のコマ回しを教えてくれたことはおぼろげながら覚えている。少なくともその瞬間、父親が本気で私と一緒に遊んでくれたから、こうして思い出になって残っているのだろう。

子供は、大人が本気で遊んでくれているのか、無理をしているのかを敏感に嗅ぎ取る。1歳の赤ん坊でも、自分の相手を本気でしてくれる大人になつくものだ。「今日は子供のためのオフだから大人は我慢の日だ」などという態度では、父親がわざわざ子供と休日を過ごす意味はゼロになってしまう。

いまでも豊かな自然が残り、地域社会が十分に機能している地域なら、親があえて子供と一緒にオフを過ごす必要はないのかもしれないと思う。しかし、そうした地域は年々少なくなっているのが現実である。

母親が教育のイニシアチブを握り、少しでもケガをする可能性があることをやらせないようにしてしまっている家庭も多い。そして柵に囲まれた安全な場所や、海や山の危険のない波打ち際や整備されたハイキングコースでしか子供を遊ばせない。

しかし、危険のない遊びを子供にさせることはマイナスである。

従来、日本のビジネス界では、欧米で誰かが切り開いた道を後から歩いていけばよかった。だから、道なき道を進んでいくリスクをとる必要がなかった。

しかし、現在のボーダレス経済ではそうはいかない。ここでは「ジャングルの掟」が適用される。つまり、自らリスクを背負って道を切り開き、〝獣〟の足跡や木の折れ方を見て危険を察知し、進むべきか退くべきか、進むならばどの方向を選ぶべきかを即座に判断しなければならないのである。

もしも危険が潜む自然の中で遊んだ経験がなければ、その子供は将来、リスクを背負いながら見通しのきかない社会を生き抜くことはできないだろう。道を開拓するのも危険を察知して回避するのも自分自身、というジャングルの掟に従えと突然いわれても、その感覚がわからないからである。

安全な遊び場、親が一緒に楽しめない施設などは、子供だけで行かせればいい。子供とともにジャングルのスリルを体験してこそ、親子で遊ぶ意味が生まれるのだ。

親が疲弊し消耗して、誰のための、何のためのオフだろう。親が白けていては子供が楽しめるはずなどない。面白がれない親の姿を子供たちはとっくに見抜いているのだ。

同級生としか遊ばない子供はダメになる！

長男が中学生だった頃、同級生の男の子をひとり誘って夏休みに家族で旅行へ出掛けたことがあった。

現地で自転車を借りてサイクリングをしたのだが、スタートした途端、息子の同級生は転倒してしまった。何度か転倒を繰り返した彼は、「自転車に乗ったことがない」とぽつりといった。恥ずかしくて、なかなかいい出せなかったのだという。なんでも、都心に住む彼は、母親から「近所は車の交通量が多くて危ないから、自転車に乗っては駄目よ」といわれ、ずっと言いつけを守ってきたらしい。確かに自転車に乗って事故に遭うこともある。だからといって禁止してしまうという発想は、あまりに過保護ではないか。

私は2人の息子を、幼い頃から自然の中に放り込んできた。長期の休みには長野県蓼科の別荘に連れていき、夏には河原で一緒に遊び、小高い山にともに登り、私は成人用、彼らは子供用のオフロードバイクにまたがりデコボコの山道を駆けた。冬には3人でスノーモービルに乗って新雪の上を走らせた。

また、夫婦でダイビングに行った折には、水深20ｍの深さにいる私たちを、息子たちはシュノーケリングで追いかけていたものだ。いずれも息子たちが幼稚園児や小学生だった頃の話である。

自然のなかでの遊びだから、ケガをすることもある。実際、次男は幼稚園児のときに危険な目に遭っている。初めてスキーに連れていったときのことだが、ずっと直滑降を続け、スピードがついて止まれなくなり、雪のふくらみを台にしてジャンプするように空中を飛んだ。その先には木があった。遠くで見ていた私は思わず「まずい、ぶつかる」と叫んでいた。

いまでは笑い話だが、その瞬間、息子が死んでしまうのではという考えさえよぎった。目を離さなければよかったとも悔いた。顔は青ざめ、足が震えた。うまい具合にスキーが木にひっかかったときに柔らかな子供の足がブーツからはずれ、身体は雪の上に投げ出された。体を強く打ち、さすがに泣いていたが、大事には至らなかった。

それでも、自然のなかで遊ぶことはやめなかった。子供はそんなに簡単には死なないし、自分で危険を回避できる大人になってほしかった。おかげで息子たちは、自ら危険を察知し、危機に直面したときこそ自分の責任で判断し対処しなければならないという「ジャングルの掟」を次第に学んでいったと思う。

本来、遊びを子供と共有し、子供の成長を見守り促すのが、親、とりわけ父親の役割であり、楽しみである。たまたま子供は2人とも息子だったが、仮に娘だったとしても、私は同じような方針で育てただろう。

このように私の子供たちは学校の長期の休みを満喫してはきたのだが、私には不満なことがあった。

特に憤慨したのは、夏休みと称しながら、40日間の休みのうち2週間ほどは学校行事の一環である林間学校やプール、登校日などに拘束され、しばしば家族で過ごす時間を削られてしまったことだ。

林間学校は都会の子供が自然に溢れた田舎で過ごすという点ではすばらしいが、なぜ同級生だけで行くのだろうか。先生たちは当然ながら事故のないよう細心の注意を払うから、管理は厳しくなる。目の前に広大な自然がありながら、あれはダメ、これをしてはいけない、とウルサいことはなはだしい。まるで先生という名の牧羊犬に追われる羊の群れである。

こうなってしまったのは親の責任でもある。親は学校行事を旅行会社のツアーと一緒くたにしてはいないか。ケガをすることもあるという覚悟が親に足りないから、先生の監視もいっそう過剰になってしまうのである。

また、学校やサークルの野外カリキュラムは同級生と一緒に行なうから、遊び相手も遊び方も学校にいるときとおおむね同じになってしまう。

未知の人間と出会い、付き合う勇気もまた、ジャングルを渡り歩く上で必要である。いろいろな人間関係を経験することで子供は精神的にたくましくなっていくものだ。

その点、アメリカ、カナダやオーストラリアなどで民間会社が運営するサマーキャンプはすぐれたプログラムを持っている。

たとえば、私の息子たちが小中学校時代に参加したサマーキャンプのひとつは、シエラネバダ山脈(カリフォルニア州)の麓にある湖畔で2週間から4週間キャンプ生活を送るというものだった。そこにはアメリカ国内はもちろん、世界中から国籍も人種も異なる子供たちが集まり、年齢も小学校低学年から高校までと幅広く、参加者は世界の縮図の一端を体験できた。

さまざまな特技を持った大学生たちがインストラクターとして参加し、子供たちに木登り、山登り、ヨット、カヤック、釣りなどを教えてくれる。インストラクターは子供たちを決して甘やかすことはなく、たとえば桟橋から冷たい湖に飛び込ませたり、2~3昼夜かけて野宿をしながら山を探検させたりする。

旅行代理店も、親子の野外体験をツアー商品として扱っている。また、海外の例にならった日本のサマーキャンプも少しずつ増えており、私の息子たちも蓼科で行なわれる「ポニーキャンプ」というキャンプに参加したことがある（http://www.pony-harmony.com/menu_B/B_02.htm参照）。

子供にジャングルの掟を学ばせる機会はふだんの生活の中にも転がっている。学校の部活動ではなく、異なる学校の幅広い年齢層の子供たちが集まる地域のクラブに参加させてみたり、大人も子供も参加する地域のボランティア活動を経験させてみるのも、ひとつの方法だ。

もっと簡単なことでいえば、いつも家族だけで食事をするのではなく、積極的に自分の友人とその家族を家に招いて小さなパーティを開いたり、あるいは友人の家に家族でお邪魔してみるといい。

こうした機会を通して、子供は学校にはいない面白い奴、メチャクチャな奴、大人しすぎる奴、大人におべっかを使う奴、自分の意見をいえない奴……と年の近い様々な〝人生のサンプル〟を目のあたりにすることになる。

その積み重ねによって彼らは、親や教師から押しつけられた「大人から見て望ましい自分」ではなく、見るからに楽しそうに生きている「本当になりたい自分」のお手本や、逆に、絶対になりたくない、あるいはなれないという違和感をもった人間像を知り、自分というものを発見していくのである。

子供への説教は対面で、悩みは散歩中に聞こう

自分の少年時代を振り返ればわかるように、子供は友人関係、恋愛、性、勉強、受験、将来の進路などいろいろなことで悩むものだ。

そんなとき、かつての自分の体験を子供に語り、人生の先輩としてアドバイスをするのもまた、父親の務めである。あなたが誠実に語れば子供は真剣に耳を傾け、そこから何かを学ぼうとするはずである。

「なるほど、父親も自分と同じようなことで悩んでいたのか」

「そうか、父親はこんな風に挫折を乗り越えたのか」……。

父親がかつて経験した失敗談を聞くことで、子供は肩から力が抜け、悩みを克服しようという勇気も湧いてくる。また、ひとりの人間として父親に共感を抱き、その人生観の一端も理解するようになるのだ。

それはとりもなおさず、子供の人間的な成長と親子の絆を強化する。子供が悩んでいるときこそ、自分の体験談を通して親として子供に大事なことを伝えられるチャンスだ。子供が何か悪いことをしたときに説教するのとは、根本的に異なる効果が期待できるのであ

る。

ところが、リビングやダイニングで子供と向かい合って話をしようとすると、えてして失敗に終わってしまう。自分は一生懸命に話しているつもりなのに、子供は素直に親からのアドバイスを聞き入れようとせず、場合によっては反発することもある。なぜだろうか。

実は、「面と向かって話をする」というのがクセモノなのだ。対面に座ると、子供の年齢が低ければ低いほど父親は子供を見下ろし、子供は父親を見上げるようになる。実際の視線も、心理的にも、である。

このような位置関係だと、どうしても父親は高圧的になったり、仰々しくなったりしがちだ。逆に子供は強制的に話を聞かされたり説教をされているような感覚になり、萎縮したり反発したりしてしまうのである。

これでは教壇に立つ教師と生徒の関係になってしまう。子供を叱るとき、「ちょっとここに座りなさい」といって、子供を向かい側に座らせた経験がないだろうか。子供はそういうことに敏感だ。対面に座らされると、〝また親父の説教か〟と身構えてしまうのである。

また、子供には父親にしやすい話、母親には聞かれたくない悩みがある。たとえば息子なら、恋愛や性に関する悩みがそうだろう。逆に、父親ではなく母親にのってもらいたい相談もある。だが、リビングやダイニングで話をしようとすれば、両親が揃ってしまい、子供は口をつぐんでしまうこともある。父親にしても、妻が隣で聞いていると話しにくい自分の体験だってあるだろう。

ここでぜひ参考にしてもらいたいのが欧米人の習慣である。日本人に比べて欧米人、とりわけヨーロッパ人は散歩好きである。

たとえばドイツ南部の都市、シュツットガルトで働くビジネスマンのなかには、シュヴァルツヴァルト（ドイツ語で「黒い森」という意味）に、ウィークデーに住んでいる自宅とは別にセカンドハウスを持っている人が多い。彼らは週末を家族と一緒にセカンドハウスで過ごすのだが、森林地帯だけに周囲は散歩道が豊富で、冬の寒い日でも夕食前などによく散歩をする。

アメリカ人も同様である。私は20代のとき、ボストン近郊にあるＭＩＴ（マサチューセッツ工科大学）大学院に留学したが、夕暮れ時になると、街の中央を流れるチャールズ川沿いを散歩する人が多かった。ヨーロッパ系の人はアメリカに移住したり、仕事で長期滞在しても散歩の習慣は変わらない。彼らとマンハッタンで会っていると、夕方にしばしば「レッツ・ウォーク」と誘われ、散歩に付き合わされる。男同士で夕食の前に小一時間くらい平気で街中を歩くことになる。

歩くことはもちろん健康のためでもあるのだが、じつは散歩にはそれ以外の重要な効用がある。欧米の映画には、夫婦や親子や恋人や友人同士が「並んで」歩きながら大事な話をするシーンが多い。これが象徴するように、彼らは散歩をしながら「人生」を語るのだ。そして歩くのに疲れたら、適当なベンチを見つけ、「並んで」腰を下ろして話を続ける。

対面ではなく並んで話すと、お互いの心理的な距離が近くなる。電車のボックス席に座るときのことを思い浮かべてみよう。

夫婦、親子、恋人同士など親密な関係にあると並んで座り、友人、知り合い同士は対面して座り、無関係の人同士は対角線上に座る。そう座れと決められているわけではないのに、親密な関係にある者同士は無意識のうちに並んで座るものである。

特に親子の場合、並ぶことで上下関係が消えて対等の関係になる。また、対面してお互いの目を正視していると、照れや躊躇が生まれて話しにくく、聞きにくいが、並ぶことで視線が交わらなくなると、意外に素直に話ができるものなのである。子供の反応を知りたければ、ときどき表情をうかがえばいい。

おそらく欧米人は無意識のうちにこうしたことを知っているから、大事な話をするときに散歩というシチュエーションを利用し、打ち解けた雰囲気をつくっているのであろう。

会社の同僚と純粋に仕事の話をするには会議室などで対面して座ったほうがいいが、部下から仕事の悩みを聞き出し、それにアドバイスする場合は赤提灯で並んだほうがいい。それと同様に、子供との会話とひと口にいっても、ＴＰＯを考えるべきだ。

たとえば、日常的な会話はダイニングやリビングで対面して座り、子供の話を聞く。子供が何か悪いことをして注意しなければならない場合は、タイミングを逃さず、すぐにその場で対面で注意する。そして、父親が自分の体験を語り、子供にアドバイスし、人生観を伝える場合は、リビングのソファに並んで座ったり、天気がよければ散歩に連れ出すのである。

自分自身のリフレッシュのためにも、子供に人生についての大事なことを伝えるためにも、近所に「親と子の散歩コース」を持ってはどうだろうか。

子供の「預け合い」で夫婦の時間を満喫しよう

子供の教育について、「海外の常識、日本の非常識」となっている全寮制学校に子供を預けてみてはどうか、という提案をしてみたい。

2006年4月、トヨタ自動車、JR東海、中部電力が設立する予定の全寮制の中高一貫校（男子校）が注目されている。モデルはイートン校、ラグビー校などに代表されるイギリスのパブリックスクールだ。パブリックスクールは歴代首相や各界のリーダーを輩出するなど、イギリスの名門校の代名詞となっている（「パブリック」と名が付いているが、私立校である）。

欧米諸国では全寮制の小学校、中学校、高校が充実している。海外赴任の多い多国籍企業で経営幹部を目指すようなビジネスマンは、子供をこうした学校に入学させるのが一般的である。小学校から全寮制に入学させ、夫婦だけで国外に赴くわけだ。そして夏や冬の長期休暇中、子供を呼び寄せたり、会いに行ったりしている。

全寮制の学校には、大きく4つのメリットがある。

①精神的にたくましい子供が育つ

親元を離れて、同い年のみならず年上や年下の生徒たちと寝食を共にし、しかも教師も同じ敷地内に住んでいる場合も少なくなく、日常的に親以外の大人たちと接することになる。そのため、一人っ子でも、集団の中で生き抜くためのコミュニケーション能力、リーダーシップ、他人への思いやり、自立心などを身につけやすい。いじめや非行がないとはいわないが、こうしたミニ社会を生き抜いてきた人はボーダレスな21世紀に活躍できる人物となろう。

②子供が親の愛情や家庭の温かさを痛感する

親子が一緒に過ごすのは長期休暇中に限られる。それだけに家族が揃ったときには、父親は子供と一緒に遊び、母親は手料理をふるまい、子供は授業で習ったことや先生のこと、新しくできた友達のことなど積もり積もった話を熱心に話す。

毎日親と一緒に暮らし、親元から学校に通っていると、子供は「親がいるのは当たり前」「親が自分のために何でもしてくれるのは当然」と考えてしまうことがしばしばある。全寮制の場合、家族で過ごす時間が限られているぶん親子の絆は強まり、子供は親の愛情や家庭の温かみに感謝するようになる。

③夫婦だけの時間が充実する

家に子供がいると、母親は子供の世話に追われがちである。夫婦だけで外食や旅行に出かけることはもちろん、じっくり語り合うこともままならない。子供の受験が間近になってくると、まるでハレ物に触るように子供を過保護に扱い、テレビを見ることを遠慮する親もいるくらいだ。これではストレスが溜まる一方だ。だが子供が全寮制の学校で過ごしていれば、旅行に出掛けたりバーに飲みに行ったりと、夫婦だけの生活を楽しむことができる。

④親の「子離れ」が進む

ずっと親子が一緒に暮らしていると、子供の親離れが遅れるばかりか、親、特に母親の「子離れ」がなかなかできない。だが、ふだんから離れて暮らしていれば、親離れ・子離れが円滑にできる。親離れ・子離れとはある日突然するものではなく、子供が生まれたときから、少しずつ進めていくものだ。その点でも全寮制は効果を発揮するといえよう。

子供を全寮制の学校に入れることはこのように多くの利点がある。

しかし残念ながら、いまの日本には全寮制の学校がきわめて少ない。しかも授業料や寮費も総じて高い（安くても合計で年間50万円余り、高いと300万円程度。他に入学金や諸経費がかかる）。これでは金銭的負担が重すぎる。

だが、子供を全寮制に通わせられなくても、全寮制のメリットを期待できるいい方法がある。

欧米の家庭ではよく、夏や冬の長期休暇中に「子供の預け合い」を行なう。自分の子供を友人の家庭に預けたり、逆に友人の子供を自分の家に預かったりするのである。

私の長男も小学6年生の頃、冬休みの2週間、オランダの友人宅に預けたことがある。長男の話によると、いろいろな家庭から20人近い子供たちが集まっていたという。親元を離れて言葉も生活習慣も異なる子供たちと過ごした日々はとてもいい経験になったようだ。また、私も夏休みに友人の子供を預かり、蓼科の別荘で一緒に過ごしたり、旅行に出かけたりしてきた。

この「預け合い」の習慣を応用してみよう。長期休暇中の1～2週間、あるいはふだんの週末、夫婦どちらかの実家や親戚宅、友人宅に自分の子供を預けたり、逆にそうした家の子供を自宅に預かるのである。預け合う子供の数は1人でも2人でもかまわない。

子供を誰かの家に預けた場合、子供にとってそこは全寮制に似た「ミニ寄宿舎」となる。自分の親ではない大人、年齢の異なる子供と一緒に生活することになるからだ。いつも友達と交している会話とは違うおしゃべりや遊びを楽しみ、母親以外が作った家庭料理を食べ、家事を手伝い、使い慣れない枕で寝る……。こうした体験を重ねることで、先に挙げた①～④の効果が期待できる。さらに、他人の家庭を経験することで子供の視野は確実に広くなるし、自分の家のように振る舞えないのでマナーも身につく。

ここで注意したいのは、子供を預けている間、急用でもない限り、子供に電話をしたりしてはいけない、ということだ。子供が幼いとホームシックにかかったりすることがあるかもしれないが、それを乗り越えることで子供は精神的にたくましくなる。単に様子を聞くためだけに電話で話したりすれば、せっかくの貴重な体験が台無しになってしまう。

自分の家に友人や親戚の子供を預かった場合、夫は寮長、妻は寮母になったつもりで子供たちに接してみよう。特別にもてなしたりする必要はない。食事をしながら預かった子供の話を聞いたり、本を読んで聞かせたり、散歩やサイクリングに出掛けたり、ふだん通りの生活に預かった子供を参加させてあげるのが一番である。

子供がいるからこそ楽しめるオフもあるし、いないことでしか味わえないオフもあるのだ。

子供に「教える」のではなく「学ぶ手助け」をしよう

親として子供の成長を眺めるのは非常に楽しい。特に子供が小さいときは変化のスピードが速いからなおさらだ。だが同時に、子供の教育は頭痛の種にもなり得る。そうなると教育問題はオフの大敵になってしまう。

そこで、家庭で子供の教育をいかに楽しみながら行なうかについて提案したい。

頭痛の種にしてしまうのは、往々にして親の側に原因がある。たとえば子供が「勉強したくない」といい出せば、頭ごなしに「つべこべいわずに勉強しなさい」と命令し、逆に子供の成績が上がると無条件に喜んでしまう。これでは子供からすれば、学校にいるのも家にいるのも同じようなものだ。子供の成績がクラスで10番以内に入ったら、親はむしろ心配しなければならないというのが私の持論だ。日本の学校はいまだに30年前——アメリカという手本に追いつき、追い越すことを目指していればよかった時代の発想で教育を行なっている。つまり他人から与えられた目標に向かって効率的に到達できる人間を育てる教育だ。

では、家庭での教育方針を学校といかに差別化すればいいのだろうか。欧米には「アカデミック・スマート」「ストリート・スマート」という表現がある。

アカデミック・スマートは学校の成績がいいタイプの人間だ。決められたことを効率よくこなすのは得意だが、経験のない新しい事態に直面すると対応できず、挫折してしまう。

対するストリート・スマートのストリートは街中、あるいは道路で育ったという意味で、現場の体験が豊富なタイプの人間だ。人間関係の構築が得意で、社会に潜むチャンスや危険に対する嗅覚に優れ、一度や二度の失敗にへこたれない。道なき道に遭遇しても独特の嗅覚で突破口を嗅ぎつける。

手本のない混乱の時代に力を発揮するのは、間違いなくストリート・スマートである。松下幸之助、本田宗一郎、川上源一など戦後の混乱のなかから世界有数の企業を立ち上げた人たちがそうだ。学校が相も変わらずアカデミック・スマートを育てようとしている現在、家庭をこそ子供をストリート・スマートに育てる場にしたい。

ストリート・スマートを育てる教育を学校レベルで実践しているのが、デンマークなどの北欧諸国だ。

北欧諸国ではＩＴ教育、英語教育、リーダーシップ教育、起業家教育などに特に力を入れている。たとえば起業家教育の場合――自分が八百屋になったら、どういう店構えにするか。どこから品物を仕入れ、利益をどのくらい乗せて売るか。客を引きつけるためにどんな工夫をするか。売れ残った商品をどう処理するか……。こういったことを生徒に考えさせるのである。それも幼稚園の頃からだ。

根底にあるのは、先生の役割とは生徒を teach（教える）することではなく、生徒が learn（学ぶ）するのを手助けすることだ、という考え方である。teach というのは、あらかじめ答えがひとつに決まっていて、それを教え、覚えさせるという行為だ。learn の場合は生徒が自ら学び、先生のアドバイスを受けながら、何通りもある答えを議論や想像によって考え出し、そのひとつを独自の答えとして選ぶ訓練をする。

デンマークには国家が決めたカリキュラム通りに授業を行なう学校とは別に、「フリースクール」と呼ばれる学校がある。teach ではなく learn という考え方を最初に導入したのがフリースクールだ。ここでは学校ごとに自由にカリキュラムを組み、先述したような教育を行なっている。

北欧諸国には補聴器メーカー世界最大手のウイリアム・デマント（デンマーク）、風力発電装置メーカー大手のNEG MICON（同）、IT企業のノキア（フィンランド）、エリクソン（スウェーデン）といった優良企業が多いが、それらを支えているのが、teach ではなく、learn によって育った人材である。国際的なNPO法人でも多くの北欧出身者がリーダーを務めている。

子供をストリート・スマートにすべく「家庭内フリースクール」を実践するにはどうすればいいか。

最も大切なことは、親も子供に何かを教えるのではなく子供が学ぶ手助けをしようという姿勢をとることだ。たとえば、次の2つのことを実践してみよう。

①子供の質問に答えるな！

高校生の息子が「もう学校を辞めたい」といい出したら、どうするか。

ここで大切なことは、子供と一緒になって高校を辞めた後のことを考えることだ。学校を辞めて何をしたいのか。どれくらいの収入が望めるのか。どのような努力を何年ぐらいしなければならないのか。十分な収入を得られるようになるまで、どうやって生活していくのか……。

子供の視線でこうした質問をしていくうちに、子供が自分の姿勢の甘さに気づくこともある。義務教育は終わっているのだから、高校を中退するという選択肢も現実的である――と、親の側が発想の転換をしたうえで子供との会話に取り組もう。「高校ぐらい出ておかないと、後で苦労するぞ」などと親が答えを押し付けようとしても、子供が受け入れるはずがない。

子供の質問に説得力のある答えを出せないからと自信を失ってしまうことは少なくない。しかし、答える必要などないのだ。答えを押し付けるのではなく、一緒に真剣に考えることこそが親の責任なのである。

②子供と一緒にご近所のフィールドワークに出かけよう！

家の近所にラーメン店が２軒あり、片方は流行っているが、もう片方は閑散としている

――子供からこんな話を聞いたとしよう。

ならば、子供と一緒に双方の店に食べに行き、味のせいなのか、立地のせいなのか、値段のせいなのか、宣伝のせいなのかなど、両者の違いをウォッチングしよう。もしも味の差が大きな原因だと思ったら、「どうやったらこの味を出せるんですか」と、流行っている店の主人に質問してもいい。明け方から何時間もかけて鶏ガラを煮込んで出汁《だし》を取り、さらに魚や野菜を加えて独自の味を作っている――こうしたことを教えてもらえば、親も子供も、なるほど客を引きつけるためにはそれだけの努力と工夫が必要なのかということがわかる。こうして子供は社会で生きていくためのヒントを身につけていく。

こうした「家庭内フリースクール」「ご近所フィールドワーク」を実践し、ぜひ子供をストリート・スマートに育ててほしい。

家族イベントを子供に仕切らせ〝統率力〟を鍛える

家庭内をフリースクール化することで、子供の教育は断然楽しく実践的なものとなる。前項に続いて、具体的なノウハウを提案しよう。

フリースクールが力を入れている教育のひとつは、コミュニケーション能力、とりわけリーダーシップの養成だ。

デンマークのような小国は国内マーケットだけでは企業の成長に限界がある。さらなる発展を遂げるためには、市場も人材も海外に求めなければならない。その結果、国籍、人種、宗教、言語、文化、性などの違いによる偏見を克服して世界中の人々とコミュニケーションできる能力の必要性が高まってきた。

生徒たちは、少数民族、肌の色、身体障害者などにまつわるさまざまな〝偏見〟をテーマにディスカッションを繰り返し、偏見の恐ろしさや愚かさについて意見を交換し、いかにこれを克服していくかを話し合う。偏見は自分の心のなかからでさえ簡単に拭い去れるものではない。

しかし、ディスカッションを通じて生徒たちは、これから出会う多様な人々とコミュニケーションをしていくうえでの心構えを学んでいく。そしてディスカッションは同時に、皆の前で積極的に自分の意見を述べ、他人を論理的に説得するリーダーシップを磨く機会となっている。

ディスカッションも含めて、授業は英語で行なわれることもある。世界の市場でビジネスを展開するデンマーク人は、英語こそ世界の共通語であるという感覚が経験則としてある。だから学校での英語教育は「英語を学ぶ」のではなく、「英語で学ぶ」機会を設けることによって、微妙なニュアンスまで表現し、他人を説得できる英語力を身につけることを主眼としている。

これは北欧に限ったことではなく、最近では韓国やシンガポール、マレーシアでも見られる世界的な潮流といってよい。

こうしたコミュニケーション教育、リーダーシップ教育を家庭内で実践する方法を紹介しよう。

①食後に3分間スピーチをしよう!

日本人のなかには、パブリックスピーチを苦手にしている人が多い。自分の考えを時に論理的に、時にジョークを交えて聴衆を惹きつけながら語ることは、リーダーシップを発揮するうえで重要なたしなみのひとつだ。この能力を身につけるには子供の頃から場数を踏むのがいい。

食事の最中は父親が司会者となって家族の会話を盛り上げようという提案をしたが、これをさらに発展させてみよう。

先生が授業中にいった腹の立つ発言、読み終わったばかりの面白い本、友達のあいだで話題になっているタレントなどなど、食事中に子供が話すことがらについて、質問したり反論したりしながら、「ひとつの話題について長く子供に話させる」ようにリードしていくのだ。

なんでもいいから親の前で意見をいってみろ、などといっても子供は話せるものではない。最初は1分、親の質問に答える形でいい。話す役と質問される役を交互に果たさせながら2分、3分と少しずつ時間を長くしていき、最終的に親からの質問なしで「1テーマ5分」のスピーチができるようになれば、子供は大きな自信を手に入れることになる。

また、スピーチが終わったあと、家族で意見を交換しあうことも大切だ。自分の話に家族が関心を持ってくれたことは子供にとって嬉しい経験となり、また、思いもよらなかった発想に気づいたり、伝えたかったことが上手く話せなかったことを反省し、話し方を工夫しようと思うようになる。

親というものは子供に対して、「友だちはいるだろうか」「イジメにあってはいないだろうか」などと、ついネガティブなことにばかり目がいきがちだ。そんな心配をするよりも、家庭で子供のコミュニケーション能力、リーダーシップを育て、タフな対人関係を築けるように鍛えたほうが建設的ではないか。

実践法はもうひとつある。

②親の〝接待イベント〟を考えさせよう！

年齢や立場の異なる人たちがどんなことに関心があるのか、という他人への想像力を育むこともリーダーシップを獲得するうえで重要だ。

そこで提案したいのは、子供が週末の家族イベントを企画立案し、実際に引率する、というトレーニングだ。

たとえば40代の父親と母親、中学生の長男、小学生の長女の家族4人で電車やバスを乗り継いで近県に行楽に出掛け、現地で食事をするイベントを長男が仕切るとしよう。親が決めた予算の範囲内で、長男はまず、どこに行き、何をするかを考えなければならない。しかも、年齢も性別も異なる両親や妹を満足させるイベントにする必要がある。

それまで受け身で家族イベントに参加し、「面白かった」「つまらなかった」と好き勝手な感想をいってきたのだから、これは相当の難問である。いい企画が思いつかなければ、普段は見ないようなテレビや雑誌を眺めて大人が殺到している話題の場所を自分で調べたり、友達に家族で行って面白い場所はないかと尋ねたり、あの手この手で情報収集することになる。

目的地だけではない。電車やバスの時刻表を調べ、出発してから家に帰るまでの全スケジュールも長男が組み立てる。そして行楽の当日、予算を受け取った長男が、家族全員を引率する。

イベントに関わるすべての権限と責任を負うことで、子供は、リーダーシップはもちろんのこと、企画力や情報収集力などさまざまな能力が実践的に身についていく。

こうしてある月は長男、ひと月後は長女、その翌月は父親、その次は母親と、イベントリーダーを輪番制にしてみよう。ひと回りしたら、どのイベントがいちばん楽しかったかと家族で感想を述べ合えば、それ自体もイベントとして楽しめる。また予算は使い切る必要はないから、上手に余らせることができたら残金は子供の臨時のお小遣いにしてもいいだろう。

こうした家庭内フリースクールのノウハウは他にも考えられる。各家庭独自のものを編み出し、楽しみながら子供のリーダーシップ教育に積極的にかかわっていこうではないか。

〝小遣い廃止〟から始める子供のマネー教育

サラリーマン社会では年齢給が崩壊の一途を辿っているというのに、いまだに「年齢給」がまかりとおっているのが子供の小遣いである。

年齢に応じて自動的に小遣いをアップさせる習慣は、小学校を卒業したら廃止すべきだというのが私の考えだ。家計のためではなく、他ならぬ子供の教育のためである。

毎月決まった日に小遣いを渡されるものだから、子供はそれを当然の権利だとしばしば勘違いする。その結果、お金の大切さもお金を稼ぐ苦労も知らないまま大人になってしまう。

日本にはいま消費者金融の利用者が１６００万人以上いる。そのうち、いくつもの金融機関から借金を重ねて返済不能に陥っている多重債務者の数は１５０万人とも２００万人とも推定され、個人の自己破産件数は21万件余りだ（04年）。

こんな事態になった一因は、学校でも家庭でも、お金との付き合い方を学ぶ子供のための〝マネー教育〟が欠如していることにある。

本来、学校がとりわけ義務教育段階で果たすべき最も重要な役割とは、子供が社会に出るために必要な常識や知恵を身に付けさせることにある。具体的には、人間関係の築き方、社会の一員としての責任の取り方、道路交通法や軽犯罪法といった生活に密着した法律などである。そして、マネー教育も当然そこに含まれる。

こうした、社会に出てから一人で生き抜く力を身に付けさせることは、数学の公式や英単語をむやみに教えるよりも、格段に大切なことなのである。それは「生きる力」そのものに他ならないからだ。

欧米では学校でも家庭でも、マネー教育が当たり前のように行なわれている。前にも述べたように、「フリースクール」で知られるデンマークでは、幼稚園の頃から、自分が青果店を経営するとしたら店舗をどのようなレイアウトにするか、何をいくらで仕入れ、いくらで売り、いくらの利益を出すか……といった〝お金の遊び〟を園児にさせている。予算の範囲内で好きなモノをいかに上手に買うか、という買い物ごっこも盛んだ。子供たちはお金との付き合い方を現実に即して学んでいくことで、自然に起業家や消費者となるセンスを養っているのである。フィンランド、スウェーデンなど他の北欧諸国でも同様だ。

またアメリカでは、中学生や高校生になった子供たちが、自宅の近所でベビーシッターのアルバイトをする伝統がある。共働き世帯や夫婦で外出する機会の多い家庭の小さな子供を世話して、小遣いを得るのである。

もちろん、親が子供に毎月自動的に小遣いを渡す習慣など考えられない。子供たちは労働の対価として小遣いを「稼ぐ」のである。ベビーシッターの他、夏に自家製のレモネードを街角で売ったり、近所の雪かきの手伝いをしたり、要らなくなった玩具を売ったりと、やり方はさまざまだ。こうして子供の頃から自分の汗と知恵で小遣いを稼げば、お金を大切に使う癖もつくので、大学の授業料や一人暮らしの家賃も当然のこととして親に頼らず、奨学金を得たり、自分たちの蓄えから捻出している。

アメリカでもカード破産者は少なくないが、こうした子供の頃からのマネー教育がなかったら、その数はもっと多くなっているに違いない。

ところが日本では、臨時のお小遣いやプレゼントを、勉強の対価としてあげている家庭が多い。「テストで何点以上取ったら」「クラスで何番以上に入ったら」「成績表で◎がいくつ以上あったら」小遣いを値上げしよう、○○を買ってあげようと、〝ニンジン〟を子供の目の前にぶら下げるわけである。

これでは、親が子供に頼んで勉強してもらっているようなものだ。しかも学校の成績という基準を家庭の中にまで持ち込むことは、家庭教育の独自性を自ら放棄しているようなものである。子供の価値を学校に判定してもらうようでは、親の責任放棄も甚だしい。

小遣いは労働の対価だ。子供が小学校を卒業したら何の理由もなく小遣いをあげるのはやめようといった真意はここにある。

友達が毎月小遣いをもらっているのに自分はもらえないという辛さは小学生には酷かもしれない。しかし、中学生なら理解できるはずだ。中学生以上の子供には小遣いは労働の対価として渡すというルールを決め、家庭で子供にマネー教育を進めよう。

労働といっても、コンビニやハンバーガーショップなど家の外でのアルバイトに限らないし、そもそも中学生には無理だ。むしろ最初は、皿洗いや風呂・トイレ掃除、料理の下ごしらえなどの家事手伝いをさせたい。ふだん親が当たり前のようにやっている家事の大変さがわかり、しかも小遣いがもらえる。子供が得るものは大きい。

手伝いを通して料理が得意になったり、パソコンを趣味にするようになったら、こうしたことを子供の「仕事」にさせてみよう。家庭内「商権」を子供にも認めるのである。

たとえば私の家庭の場合、次男は中学生の頃からパソコンが得意だった。そこで、母親にパソコンを教えたり、パソコンの管理補修や住所録の整理やデータ入力などを行なうことを次男の「仕事」と決め、何をやったらいくらと料金表を作り、「仕事」の種類と量に応じて小遣いを渡していた。

稼いだお金で次男はさらにプログラミングの個人指導を受け、中学生のあいだにかなり複雑なシステムの制作などができるようになっていた。貴重なお金を自己投資に使う術を学んでいたわけだ。

自分の得意なことが家族に「仕事」として認められ、報酬が得られれば子供の自信になるし、もっと得意分野をより伸ばそう、より増やそうと努力するようになる。

こうしたことを続けていると、子供は「働かなければお金は得られない」ことを実感でき、「将来やりたい仕事がない」などといっていられなくなる。また、家の外で働く父親の苦労も少しはわかるはずである。当然、早くから自分の力で小遣いを稼ぎだすことで、お金の大切さを理解し、無駄遣いも減る。むやみに欲しい物をねだったり、旅行に連れて行けなどということもなくなる。

子供が小遣い目当てで家事手伝いをすることに抵抗感を覚える向きもあろう。しかし、子供が何もしていないのに毎月小遣いをもらい、その使い道ばかりを考えている今の環境のほうが、よほどアンバランスだ。親子の間であってもお金の話題は避けるべきではない。

「受験失敗」「イジメ」——窮地の子供はこう救え

子供たちの私立校への受験熱は過熱する一方だ。有名私立小受験に向け、1歳児から幼児教室に通わせるというのは今や当たり前。名門私立中受験のために小3から1日4時間も塾に缶詰めになる子供たちも少なくない。

特に翌年に入学を控える受験生を持つ家庭は大変だ。遊び好きで有名な私の知人でさえ、「来年は子供の中学受験があるので、しばらくは遊びに行けない」とぼやいているほどである。

とはいっても、受験である以上、必ず成功するとは限らない。現にあるビジネスマンからこんな相談を受けたことがある。

「長男に名門私立中を受験させたのだが、落ちてしまった。私も家内もショックだったが、それ以上に本人が落ち込んでしまって立ち直れない。ずっと沈み込んでいてどうしていいかわからない。親としてどうしたらいいのでしょうか」

聞けば、その学校は親がどうしても入れたい学校で、幼い頃からいい聞かせてきたというのだが、私にいわせればナンセンスそのものだ。まだ自我が確立していない子供は親の期待に応えようと頑張るが、失敗すると「自分はダメだ」「親の期待を裏切った」と自責の念を抱いてしまう。そもそも子供を追い込んでしまったのは親の責任なのだ。

いい学校を出て、いい会社に入れば幸せになれる……というのは30年前の発想であり、いまや幻想にすぎない。周りを見渡しても、現在の40代〜50代のビジネスマンで「自分は幸せだ」といい切れる人はほとんどいないだろう。一生懸命働いてきたのに、新しい技術になかなか適応できず、気が付いたらリストラの影に怯え、疲れ切っている。

自分で現在のそうした姿を20年前に想像できなかったのに、子供の将来の幸せがわかるわけがない。なのに、自分のときと同じように「いい学校からいい会社」というレールを敷こうとする。昔の〝成功の法則〟で子供の将来を期待するということは罪作りでもある。

最近、若手の起業家が話題を呼んでいるが、彼らのほとんどは学校時代に大きな挫折を経験している。いい学校をそこそこの成績で卒業したなどという連中はまったくといっていいほどいない。

子供が受験で失敗して落ち込んでいるようなら、まずそれらの現実を子供に教え、受験がすべてではないということを教えることを薦めたい。

その上で、「いい学校からいい会社へ」という生き方とは違う人生を模索するよう導いてはどうだろうか。

まず、音楽、スポーツ、美術、文学、デザイン、コンピュータ……それらにかなりの興味を持ち、かつ非凡な才能があるとわかれば、それを伸ばしてやる。もちろん、これらの才能に飛び抜けて長《た》けているというのはごく一部の人間である。だからといって諦める必要はない。

好きなことを徹底的にやらせればいいのである。先日、テレビで見たのだが、オートバイに夢中になっている少女にスポンサーがついて海外のレースに参戦することが決まったという。レーサーの寿命はそんなに長くはない。しかし、そこまできわめれば、将来はバイクショップだって経営できるだろう。スキーのインストラクターしかり、スキューバダイビングのインストラクターしかり、一つのものに熱中した人間ならその世界で食っていける。知り合いにダイブショップを経営している男がいるが、とても楽しく、充実した毎日を送っている。決して裕福ではないが、自分の好きなことをずっとやっていられるというのは何より幸せだし、困難にも立ち向かえる。好きこそものの上手なれ、という言葉を思い出して欲しい。

親が名門私立への進学を薦める背景には進学率と共にイジメ対策もあると聞く。イジメが原因で登校拒否になったりするケースもあるため、極力公立校には行かせたくないようなのだ。

だが、これは子供の人間的な幅を広げるチャンスをみすみす無くしているといってもいい。私が通ったのは下町の中学で生徒の家庭環境はバリエーションに富み、なかには社会的に問題のある家庭もあり、たしかに不良も多かった。しかし、そういう環境だからこそ逞しさを身に付けることもできたし、様々な環境にいる同級生たちを目の当たりにして、思いやりや本当の優しさというものを学ぶこともできた。

同じような家庭環境の師弟が集まる私立校ではなかなかできない経験だし、人間的にも揉まれて強くなる。そういうことも子供に教えておきたいことだ。

そうはいうものの、現実に我が子がイジメの標的にされてしまった場合、親としてどう対処すべきなのか。私は「学校に行きたくなければ行かなくてもいい」という選択肢もあると思っている。

知人のビジネスマンの息子さんは私立中受験に失敗し、地元の公立中に進学したのだが、不幸にもイジメの標的にされてしまい、学校に行くことを嫌がるようになってしまった。普通の親なら世間体などを考え、「とにかく学校へ行け」というだけだろうが、彼は全く違う方法をとった。

「わかった。行きたくないのなら無理に行く必要はない。ただ、家にいてもやるべきことだけはわかっているはずだ。試験の時だけは学校に行って、とにかく一番になれ。それで、苛めた連中と何もしてくれなかった先生たちを見返してやれ」

こういったのである。そして、週に1度はどんなに仕事が忙しくても真っ直ぐに帰宅して、子供の勉強を見てやった。彼はほとんど学校には行かなかったものの、抜群の成績で超難関高校に合格した。それどころか、以前は親に反抗的だったのが、その事件を機に親との関係も良好になった。

ただ、「好きにやれ」といいながら、自分は多忙を理由に妻任せ、塾任せにして子供にコミットしないというのは逆効果だ。子供との信頼関係も築けない。

また、最近では成人したにもかかわらず、家に引きこもる子供に悩んでいる親も多いようだが、これなどは「何があっても親が助けてくれる」と子供が甘い考えを捨て去れないからだ。

「お前の人生に責任を取れるのはお前しかいない」と突き放すことも愛情だ。高度成長時代、貧しくても親がしゃかりきに働いていた時代には引きこもりなどなかった。親がかまえばかまうほど子供は親に甘えるものだ。

思春期の子供はさまざまなきっかけで窮地に陥る。子供が再生できるかどうかは、一にも二にも親の姿勢にかかっているのである。

もし子供に「就職のコネ」を相談されたら……

長引く不況の影響で近年は大学生が就職活動に取りかかる時期が早くなり、大半の学生が3年の秋から就職活動を開始している。前期試験が終了したあたりから、親に相談したり、コネがあるかどうか聞いてくるという。

就職難ゆえにか、本人よりも親が浮き足立つケースも目立つ。私も多くのビジネスマンから子供の就職について相談を受けることがある。社内ではキレ者で通っている人でも、こと子供のこととなると普段の強気な姿勢はどこへやら、である。

「トヨタなどの安定した大企業に就職させたい。コネになる人が知り合いでいれば紹介してほしい」

「公務員はどんなことがあっても失業しないので、子供に勧めているのだが、本人が今ひとつその気になってくれない。どうしたらいいだろうか」

親バカ丸出しで子供に無難な就職先を選ばせようとしているのである。

おそらく、ほとんどの人は似たような考え方かもしれないが、ちょっと待ってほしい。

親が自分の希望を子供に押しつけることはおかしいのではないか。

子供が親のいう通りに就職したものの、本人の適性とかけ離れた職業だったために、本人はもとより親までもが後悔しているといった例を私はいやというほど見てきた。親がよかれと思ってしたことが裏目に出ることは、実はかなり多いのだ。

人生の先輩として自分や周囲の人の経験を話し、アドバイスするのはいい。こういう発想でこういう会社に就職し、いまはうまくいっている、あるいはうまくいっていない……そうした実例を紹介し、子供が考える材料を与えるだけにとどめるべきだ。たとえば、高校時代のクラスメートで、その当時の序列と現在の境遇を比較してみれば、いかに将来予測が難しいか、歴然としているからだ。

長く不況が続いただけに安定志向に走る気持ちもわからなくないが、いまや日本に安定などというものを求めること自体がナンセンスだ。

日本の終身雇用、年功序列というシステムはすでに崩壊しつつあり、今後、仮に成長率が高くなっても、元には戻らないだろう。正社員を抱えておくコストがあまりに高いので、IT、英語、財務など余人をもって代え難いスキルを持っていない限り、企業は正社員として採用しない。それ以外の人は派遣会社に登録し、臨時に雇用されるようになる──これからは確実にこういう傾向が強まる。

子供はそういう新しい時代を生きなければならないのに、古い時代の発想そのままに、現在が安定しているからという理由で（永久）就職先を選ばせようとするのは子供を不幸にするだけである。

私には31歳と26歳の2人の息子がいる。次男は日本の中学を出るや、アメリカに渡った。語学研修後、高校からアメリカの大学に進み、コンピュータ・サイエンスを勉強していたが、ここを中退し、いまはコンピュータ関係の仕事をしている。

学業半ばでドロップアウトしたわけだが、息子の話を聞くと、自分なりに将来のビジョンを描いていることがわかったので反対はしなかった。

次男が日本に戻って就職するとき、親心からつい「こういう会社ならば紹介できる」といってしまったのだが、息子は「オヤジの紹介で就職でもしようものなら、色眼鏡で見られるし、一生その会社に縛られかねない。それは嫌だ」と断わり、自分で就職先を探した。いまでは生き生きと仕事をしており、息子の決断に任せて良かったと思っている。

厳しい時代環境を説明し、どんな状況のもとでも生き抜けるスキルを身につけるよう薦めることこそ、親の本来の義務ではないだろうか。

同様に、子供自身の選択に任せるべきなのが結婚である。

私の長男は6年前に結婚したが、「結婚したい」といい出したとき、相手の年も学歴も職業も名前さえも聞かなかった。ただひと言「わかった」といっただけである。子供の結婚に関し、親がとやかくいう筋合いのものではない、というのが私の考え方だ。

そもそも、結婚という子供が真の意味で自立する段になっても親が手助けするということは、逆にその自立を妨げてしまうのではないか。結婚情報誌『ゼクシィ』（リクルート発行）の調査によれば、結婚費用総額の平均は524万円。親や親類が援助したのは実に86％。援助額は227万円に及んでいる（04年）。

私は長男の結婚に関して1円の援助もしなかった。彼らは自分たちが稼いだカネで、自分たちが招待したい人々だけをお気に入りのレストランに呼んだ。私たち夫婦もゲストとして招かれた。

世間の親の「常識」からすれば、私の態度は奇異に映るかもしれないが、私があえてこうしたのは息子たちに一人前の大人として、これから新たな家庭を築くという責任感を感じてほしかったからだ。

就職にしろ結婚にしろ、子供の選択に任せた理由は、本人の問題だからということだけではない。小さい頃から子供には岐路に際しては自分の責任で進む道を決めるよう教えてきたつもりだ。

逆にいえば、親の援助がなければ何もできない、また親に反対されたからといって自分の意見を簡単に撤回してしまうような頼りない子供だとしたら、それこそ親はそれまでの教育を反省しなければならない。

私の持論だが、子供は18歳で高校を卒業した時点で人生の選択は子供自身に任せるべきだと考えている。といっても、それまでさんざん親が子供を甘やかしておいて、成人したらいきなりすべての責任を子供に負わせようとしても無理な話だ。だからこそ、子供が小学生になった頃から、少しずつ自分の責任で物事を判断し、行動する習慣をつけさせておく必要がある。

欧米では大学進学を機に子供は親元を離れ、どんなに豊かな家庭でも授業料などの費用は子供自身が負担するのがふつうだ。かつて私はスタンフォード大学で客員教授をしていたが、学生のほとんどは自分で銀行ローンを組み、授業料を工面していた。借金をしているからこそ必死に勉強し、少しでも早く単位を取り、社会で通用するスキルを身につけようとする。レジャーランドと化した日本の大学と比較して卒業時にどれだけ差がつくかはいうまでもない。

つい我が子のこととなると、「子供かわいさ」から過剰に干渉し、保護したがる親が多いが、その態度こそが子供の成長を妨げ、21世紀の〝海図なき大航海時代〟に脆弱な半大人を送り出しているのだと知るべきだ。いまからでも遅くない。子供を自立させるための一歩を踏み出そう。

8章

老後は今から備えよ

一生つきあえる趣味を選ぶ〝3つの鉄則〟

定年を迎えると仕事から解放され、膨大なオフの時間ができる。そこで漠然と、「定年後には何か趣味を持とう」と考えているサラリーマンは多い。

では、定年後のオフライフを満喫するのに相応しい趣味とはどんなものだろう。体力のある若い頃ならば、好奇心の赴くままにいろいろな趣味に挑戦できるが、60歳を過ぎるとそうもいかない。一生つきあえる――これが定年後の趣味を選ぶうえでの大前提だ。そのためには、次の3つの鉄則をクリアすることが大切になってくる。

鉄則① 40歳を過ぎたら、定年後に続けられる趣味を持とう

私の友人で、俳優、歌手、作曲家の加山雄三さんは近年、画家としても大変な人気を博している。

1996年から毎年絵画の個展を開き、作品は飛ぶように売れ、画集を何冊も出版し、98年には西伊豆の堂ヶ島に秘蔵写真・フィルム、愛用のギターなどとともに絵画作品を展示する個人の美術館「加山雄三ミュージアム」が完成している。加山さんが本格的に絵画に取り組んだのは60歳近くなってから――サラリーマンでいえば定年間近になってからのことだった。

だが、これは極めて例外だろう。年がいってから未知の趣味にゼロから取り組み、一定以上のレベルに達するのは相当に難しい。ましてや稼げるようになるなど、きわめて稀である。

語学をイメージしてみるとわかりやすい。定年後に中国各地を旅したいから、と中国語の勉強を趣味にするにしても、働いているうちからスタートするのと定年後から始めるのでは雲泥の差がでる。目安として40歳をすぎたら長く続けられる趣味を持っていい。しかも、定年後に楽しみが増すものがいい。中国語の例でいえば、働いているうちは盆暮れの休暇を利用した2泊3日ほどのツアー旅行を楽しみ、辞めたらいよいよ月単位で中国各地を夫婦で旅する、といった具合だ。

鉄則② さまざまな年代の仲間と一緒に楽しもう

リタイア後の趣味の代表格にゲートボールがある。でも、これはお薦めできない。高齢者しかやらない趣味というものは、始めた途端、「今日から自分も老人の仲間入りをしたんだ」と痛感することになる。やっている本人も見ている方も寂しいものである。孫を抱きながら、「これで俺もお爺ちゃんか」と感慨に耽っていては、老け込むのも早くなる。

高齢者ばかりが集まる集会所や、会社が退職者のために福利厚生の一環で用意したクラブなどでの囲碁、将棋、麻雀なども同じだろう。高齢者だけで集まっていると、何よりまず、「誰それが入院中だ」「誰それが亡くなった」という話題にばかり終始しがちで、精神的に滅入ってしまう。また会社が用意した場所では、現役時代の上下関係を引きずっている人も多く、せっかく職場から解放されたのに嫌な思いをすることになる。

だから、趣味はいろんな年代が集まってみんなで楽しめるものがいい。私と同年代の友人に陶芸を趣味としている男がいる。陶芸というと個人で楽しむもののように聞こえるが、実際には同じ窯を利用する者同士の交流が頻繁にある。そこには20代の若者を含め幅広い年代が出入りしており、年齢の垣根を越えて自然に仲間ができる。こうした仲間と陶芸の話に花を咲かせたり、一緒に他の窯を見学に行ったりしているという。

最年少グループは若ければ若いほどいいが、せめて40歳程度――このくらい年齢の幅がある人たちが集まっていると、そこに行くだけで刺激を受けるし、気持ちも若返る。そして、意欲的な仲間がたくさんいると、周りに引っ張られて趣味が自然と長続きする。

鉄則③ 発表の機会がある趣味を選ぼう

8 老後は今から備えよ
一生つきあえる趣味を選ぶ〝3つの鉄則〟

私の母は86歳になったいまも、元気にコーラスとちぎり絵という2つの趣味を楽しんでいる。こうした趣味のいい点は、幅広い年代の仲間ができることに加え、コンサートや展覧会など発表の機会を設けられることだ。発表の場があると、もっと上達したいという向上心が生まれる。発表会に子供や孫を呼ぶという楽しみもあるし、当日に向けてお互いに励まし合うことで仲間意識も強まっていく。素人だからソロコンサートや個展は無理にしても、仲間が10人もいれば、何年かに一度はグループで発表会を開くことは十分に可能だ。どんなイベントにしようかと話し合いながら飲む酒もまた格別である。

まずは以上3つの鉄則を満たす趣味を最低2つ探してみよう。いきなり一生つきあえる趣味と出会えるものではないからだ。仮に2つとも楽しめるようなら、そのまま続ければいい。趣味をひとつに絞る必要などない。

私はすでに還暦を迎えたが、現役を引退した後は、以前から楽しんできた釣りにもっと時間を割こうと考えている。釣りの魅力はたくさんある。釣り場や狙う魚が多彩で、一緒に出かける仲間が限定されることもないから、そのたびに目先が変わって飽きない。海釣りもあれば川釣りもあり、昼間に釣ってもいいし、夜釣りもあるし、国内でも海外でも楽しめる。

体力面を見ても、一生つきあう趣味に相応しい。たとえば草野球などの場合、若い頃は毎週日曜日の早朝からプレーできたのに、年をとって体力が衰えるに従って回数が減り、そのうち仲間がプレーするのを見学しながら酒を飲んでいるだけ、といったことになりがちだ。釣りはある程度の体力は必要なものの、激しい運動ではないので年を重ねても十分に楽しめる。こう考えると、釣りというのは「一生つきあえる趣味」の王道といえるのではないだろうか。

細川護熙元首相は98年に衆議院議員を辞職して政界を退いた後、本格的に陶芸を始め、いまでは個展を開き、雑誌で作品が特集されるほどの腕前になっている。加山さんや細川元首相の話を聞いてあらためて思うのは、人には本人も気付かない才能が隠されていることがあるということだ。

自分にどんな才能があっても、やってみなければその存在に気付くことはない。いろいろな趣味にいまからチャレンジして、未知の才能との出会いを楽しんでみよう。

定年後の生活費は最低いくら必要なのか

相変わらず消費が冷え込む中、定年前の世代が貯蓄に走る理由の上位にはたいてい「老後の生活に備えて」が挙がる。旧厚生省(現・厚生労働省)がまとめた『年金白書』(平成13年版）のシミュレーションによれば、1920年生まれの世代は保険料負担額1300万円に対して年金受取額は6800万円と多大なる恩恵を受けている。40年生まれの負担額3800万円、受給額5700万円も悪くない。ところが70年生まれとなると負担額が6100万円なのに対して受給額は5000万円、90年生まれは負担額7500万円、受給額4900万円と実に悲惨な数字が算出されている。

現在、年金生活を送るためにシルバー世代が必要とする生活費は夫婦で月額30万円弱といわれている。平均寿命が男性78歳、女性85歳という数字から計算すると生活費だけで総額9000万円以上が必要ということになる。リストラや企業倒産の不安も払拭される気配はない。定年前の世代が老後資金を蓄えておきたくなるのも当然であろう。

ただ一方で、これまで会ってきた企業経営者の多くが、引退後、楽しい老後とはいいがたい生活を過ごしているのを見聞きするにつけ、複雑な気持ちになる。彼らはきまって精力的に働いていた頃、「いまは仕事で忙しいからできないが、現役を引退したら、あれをやりたい、これをやりたい」という夢を語っていたにもかかわらず、である。

本気でやりたいと思っていたわけではなかったのか？ それともオン（仕事）の人生にばかり邁進してきたので、オフの人生でやりたいことを実現する気力が失せてしまったのか？

ここに、老後を楽しむのがいかに難しいかを示す、興味深い2つのデータがある。ひとつは首都圏の60歳以上の男女を対象に「財産を何に使いたいか」を調査した結果だ（『広告月報』02年5月号掲載の「2001年生活総合調査」結果報告、複数回答可）。

これによると、「健康不良など自分への備え」（68・8％）、「自分の趣味や学習」（48・8％）「家族旅行など自分と家族両方のため」（44・7％）、つまり自分のためにお金を使いたいという人が上位を占めている。「子供のため」（18・1％）「孫のため」（17・5％）「家族への遺産」（12・6％）と答えた人は意外なほど少ない。おそらく数十年前に同じ調査をしたら、逆の結果になっていただろう。老後に対する日本人の意識も大きく変わりつつあるといっていい。本当にこの通りにお金を使えているなら、最期に「実に楽しい人生だった」といえるだろう。

ところが、もうひとつのデータに目を移すと、「自分のためにお金を使う」ことに彼らがどうやら失敗しているらしいことがわかる（世帯主年齢階級別の貯蓄・負債現在高を調査した「貯蓄動向調査および国勢調査」〈2000年〉からの試算）。

自分のためにお金を使いたいと考えているはずの60歳以上の世代のうち、60歳以上65歳未満の貯蓄高は約130兆円（負債高は約20兆円）、65歳以上の世代になると貯蓄高はなんと300兆円を超え、一方、負債高はその10分の1にも満たない。

子供の養育費や教育費はとっくに不要になり、住宅ローンも終えている。にもかかわらず、支給される年金の約30％を貯蓄に回した結果が、この数字である。別の統計によれば、彼らは平均３５００万円もの大金を遺してこの世を去っていく。年金受給額が減り、この金額もこれから少なくなっていくだろうが、使い切れないまま死んでいくという傾向は続くだろう。これがイタリア人なら死ぬときに貯蓄がちょうどなくなっているのだ。彼らの染色体にそう刻み込まれているのではないか、と思わせるような彼我の差である。

お金を上手に使えず老後が楽しめない大きな原因のひとつは「やりたいことを実現、実行しない」からだ。「老後の生活は大丈夫だろうか」と不安を感じるだけで、具体的な計画を何も描かない。目標額もわからないまま貯蓄に励み、漫然と過ごすことになる。

やりたいことを実現する秘訣のひとつは、「実現せざるを得ない状況に自分を追い込む」ことだ。

私自身の例を紹介しよう。

以前、東京オペラシティコンサートホールで「大前研一還暦記念　遊び心コンサート」と題するシンポジウム兼コンサートを開いた。音楽仲間たちとの管楽五重奏では私もクラリネットを担当。またシューベルトの「岩の上の羊飼い」ではソプラノの高橋薫子さんと共演するなど実に楽しい一日だった。03年の2月23日のことである。

このイベント、突然思いついたものではない。すでに56歳のときに「還暦記念コンサートをやる」と周囲に宣言し、その2年後に出版した著書『やりたいことは全部やれ！』の中では読者に案内状まで披瀝している。だから、どんなに忙しくても演奏の練習をサボるわけにもいかない。こうして何年も前から計画を立て、自分を追い込み、大きな夢であるコンサートを実現したのである。70歳という世界最高齢で世界最高峰のエベレスト（チョモランマ、８８５０ｍ）登頂を果たした親友の三浦雄一郎さんも、65歳の頃から古希（70歳）にはエベレスト、と公言していた。

私もイベントを終えて、「またひとつ、やりたいことをやった」という充実感、達成感を味わうことができた。と同時に、古希を迎えたときには何をやってやろうかと、「10年後」がいまから楽しみにもなっている。

たとえばこんな経験をしたことはないだろうか。

数か月前に友だちと釣りに行く約束をした。ところが約束の日が近づくにつれ、仕事が多忙を極め、できればキャンセルしたいという気持ちになった。しかし、こちらから誘ったことだしと、どうにか時間を作って約束通り船に乗ったら……面白かった！　釣ったばかりの魚の刺身を頬張りながら久しぶりに友と語り合った時間が日頃の疲れを吹き飛ばしてくれた――。

楽しいことだからといって、進んで実行できるとはかぎらない。定年後、本当にやりたいことがあるのなら、日頃から家族や同僚、友人に公言し、いまのうちから実行に移そう。そして、定年後にやりたいことがまだ見つけられないのなら、先ほどのデータなどを基にして不足額を算出し、貯蓄を適正化しよう。やみくもに「老後のため」だと楽しみを先送りするような生活を過ごしても、いま現在も老後も楽しめず、余った多額の貯蓄を子孫と国のために遺すのが関の山なのだから。

外国の金融商品で「豊かな老後」を手に入れる

先日、今年初めに課長職を最後に大手企業を定年退職した旧知の元ビジネスマンと会う機会があった。ゴルフが趣味で、かねてから「引退後は妻と一緒に世界中の有名ゴルフ場でプレーするのが夢」と目を輝かせながら語っていたものだ。

だが、久しぶりに会った彼は、かつて夢を語っていたときの嬉々とした様子からはほど遠く、元気がない。

彼は退職金で住宅ローンを完済し、1500万円あまりの預貯金がある。2人の子供もすでに独立していることから、再就職の誘いも断わり、ふだんの生活は年金でまかない、預貯金を少しずつ切り崩して「夢」を実現するつもりでいた。

ところが、実際にその生活を始めてみると、最初のうちこそ楽しかったが、次第に預貯金が減っていくことに不安を覚えたのだという。そうこうしているうちに気持ちが萎縮し、思い描いていた生活ができなくなったばかりか、いまはむしろ将来が不安で、何もやる気が起きなくなった、というのである。

周囲を見渡して見ると、彼に限らず、同じような理由で自由な時間はあるものの楽しみたいことを楽しめない元ビジネスマンが意外に多いことに驚かされる。

私にはアメリカ人の知人も多いが、まるで正反対だ。ＮＰＯ法人の運営に関わるなどして豊かで充実した老後を過ごしている。

いま、世界中にアメリカ人の旅行者があふれているが、その中心は現役をリタイアした人々である。私が知る複数のアメリカ人は豪華客船による世界一周の旅、南極探検の旅、アフリカキャンピングツアー、コンゴ河下りといった贅沢な旅行を楽しみ、ミシュラン、ザガットサーベイといったガイドを小脇に抱え、世界中の一流レストランを回っている。

これらは決して企業の経営幹部だったような人でなく、ごくふつうの元ビジネスマンたちの話である。

このように多額の出費をするアメリカ人を見ると、日本人は一般人ばかりかエコノミストまで「アメリカ人は金を使いすぎる。引退して収入がないのに、これでは将来生活が破綻してしまうのではないか」と思ってしまうようだが、じつに的外れなのである。

クリントン政権時代（93年1月〜01年1月）に株価が高騰したおかげで、確定拠出型年金401kの年金支給額が飛躍的に増えた。それに伴い、手持ちの資産を自分で株式市場やミューチュアル・ファンド（米国の投資信託で複数の投資家が資金を提供し、共同で運用するオープンエンド型のもの）などで運用し、資産を増やしている。リタイアしたアメリカ人は、その増えた部分、つまりフローを使っているのである。だから、原資の部分、つまりストックはほとんど減っていない。

このストックの部分はマクロ統計に表われず、フローの部分だけを見ると、収入より支出の方が多い。それゆえ、日本人は「これでは生活が破綻する」と誤った解釈をしてしまう。

日本人は資産運用のための原資がないわけではない。いや、それどころか、むしろ世界一多い。なにしろ、統計的に見ると、日本人は65歳でおよそ2500万円もの資産を持っている。そして、まるで「死後の不安」にでも備えるかのように、年金の一部を貯蓄に回し、その結果、75歳の時点で資産は平均で3200万円にふくれ上がっている。

ところが、その資産が「死産」になってしまっているのが現状だ。なぜか？　それは資産運用のやり方を間違えているからである。

　ほとんどの日本人は、日本の金融機関が売り出している確定利回り付き商品で資産運用をしている。だが、現在、その利回りは10年物でようやく１％を超え、５年物以下では１％以下だ。これでは、かりに１０００万円を運用しても、年に受け取る利息は10万円程度にしかならない。

　一方、世界には高利回りの優良な金融商品がたくさんある。たとえば、ある世界的金融機関が売り出している商品は、自動車業界ならばＧＭ（ゼネラル・モーターズ）とトヨタ自動車といった具合に、主要業種の１位企業と２位企業の株だけを組み合わせたファンドで、安定して高利回りを実現している。

　一般的に、世界の優良な金融商品の場合、15％程度の利回りが標準である。私の知人はそのファンドを利用して１０００万円を10年間運用して、４０００万円余りに増やしたという。また別の知人は、よりリスクが少ない商品を選んだが、それでも10％程度で回っていたので、やはり１０００万円の原資で２６００万円程度にまで増やしている。これだけ増えれば、アメリカ人のように豊かな老後が楽しめるはずだ。

　原資の１０００万円には手をつけず、15％で運用した場合、毎年の利息は１５０万円になる。月に換算すると12万５０００円だ。最近では海外旅行も大幅な値下げが続き、２泊

3日の韓国旅行なら2万円台の格安ツアーさえある。夫婦2人で行き、高級レストランで食事をしたとしても十分お釣りがくる。

いまは外為法が改正され、税務申告さえすれば、海外のファンドを購入することができるようになっている。金融の専門家のなかには「海外のファンドは為替リスクが高いから危険だ」という人がいるが、先のような高利回りならば、為替リスクは十分吸収されるので問題はない。

アメリカではリタイアが近づくと、資産運用の勉強を始めるのが常識だ。ただ、日本のマネー雑誌はほとんど日本の金融商品ばかり扱っているから、それよりも海外の一流ファンドマネジャーが書いた本などを読んで参考にするとよい。

また、ケーブルテレビのFOXやCNBC、BLOOMBERGなどはほとんど24時間、投資情報を流している。日本で放送されている日経CNBCでもその一部が流れるので、視聴してみてはどうだろうか。インターネットにも投資に関する海外のホームページがたくさんある。英語力に自信のある方はよりチャンスが広がる。

かりに原資が足りない場合でも諦めるのは早い。アメリカでは、例えば原資が100万円しかない場合、同じような仲間を10人集めてトータルで1000万円にして、金融機関と交渉するというのが一般的な方法なのだ。

上手な資産運用は豊かで、充実した老後の土台である。日本の常識にとらわれない資産運用で、残りの人生を謳歌しよう。

社会貢献で「小さなビル・ゲイツ」を目指せ

「定年後」の人生設計について、多くの人は次のように考えていないだろうか。入社して約40年ちかく会社に捧げた人生はもう終わった、あとは自分や妻のためだけにお金や時間を使っていこう、と。

この考え方には大きな落とし穴がある。まず、会社を辞めると人と会う機会が急激に減る。この孤独に耐えられるのか。その結果、話し相手は妻ばかりということになりかねない。上司気分が抜けきれず妻に知らず知らず命令口調で接していたりすると、家族からの「定年ごくろうさま」という気分もすぐに冷めてしまうというものだ。

もうひとつ、「自分のためだけにする」ことに、基本的に第三者からの評価は期待できない。会社にいるときは、仕事がうまくゆけば「ありがとう」、失敗すれば「すみません」など、自分のしたことには必ず反響があるが、自分たちの世界だけを生きていると、そういう反応とは無縁になりかねない。これは寂しいものである。

そうならないために、定年後も家庭に引きこもらず目標を持った毎日を生きられる社会貢献活動への参加を提案しよう。

統計的に見ると、現在、日本人は定年退職時に預貯金など平均2500万円の金融資産を持ち、その後も年金受給期まで貯蓄し続ける。その結果、前述のように75歳では金融資産は3200万円にまで増え、80歳で死を迎えるにあたっては3500万円もの資産を残している。

あり余る時間とこの資金を、NPO（民間非営利組織）に参加したりボランティア活動を始めるなど、社会貢献に使えないだろうか。

たとえばチベットやネパールでは、20万円ほどで学校を1校建設できるという。こうした運動に参加すれば、次はその国をこの目で見たくなる。実際に現地を訪れ、子どもたちと交流の機会でもあれば、帰国する頃には新たな目標が生まれているだろう。

老後に社会貢献活動を始めるというライフスタイルが「常識化」しているのが、アメリカだ。

これも前述のとおり、クリントン政権時代（93年1月〜01年1月）の株価急騰によって確定拠出型年金401kの年金支給額は格段に増え、多くのアメリカ人の老後が経済的に潤った。その彼らが定年退職後にお金と時間をつぎ込んだのが、NPOなど社会貢献を目的にした活動だ。欧米には「noblesse《ノブレス》 oblige《オブリージュ》」（身分の高い人には道徳的な義務が伴うこと）という考え方がある。総体的に裕福になったアメリカ人たちが、人生の余剰資金と時間を旅行や趣味などの個人的楽しみのみならず、社会貢献にも向けた背景には、こうした考え方がある。

活動内容は実にさまざまだ。図書館、病院、オーケストラといった地元の公共的な施設、団体の運営にボランティアとして関わる人もいれば、発展途上国に学校を建設する運動に参加し、何年かに一度は現地を訪れるといったグローバルな活動をする人もいる。そうした地域の恵まれない子供を養子として預かり、自分の子供と一緒に育てている人も私はたくさん見てきた。

ヨーロッパでは、noblesse oblige の考え方がさらに浸透している。ビジネスマンはリタイアを待たず、若いうちから慈善活動に参加し、仕事とボランティア活動という二本のレールを生き生きと過ごしている。ボランティアは、自分自身の生き甲斐でもあるのだ。さらにドイツでは、ボランティア経験が不足していると判断された大企業の経営者は、株主総会で糾弾される憂き目にあう。アメリカも少しずつこうした傾向が強くなり、現役時代から活動を始める人が増えているようだ。

仕事が忙しくてＮＰＯなどの活動に時間が割けない、という場合にも社会貢献の方法はある。寄付だ。

マイクロソフトのビル・ゲイツ会長は、94年に慈善団体（ビル&メリンダ・ゲイツ財団。メリンダは夫人の名前）を設立し、アフリカを始めとする発展途上国のエイズ撲滅、医療や教育やコンピュータ技能の向上のために巨額の富を注いでいる。生存中に自分の個人資産の約半分を寄付するつもりだ、と公言している。これは、日本円で兆の単位に上る金額だ。これまでの社会的貢献により、05年3月、イギリスのエリザベス女王から外国人に対するものとしては最高位の「名誉ナイト（騎士）」という称号を授与された。

私も寄付の体験が何度かある。IBMのアドバイザリー・ボードメンバーを務めていたときにMIT（マサチューセッツ工科大学）に、スポーツ用品メーカー・ナイキのボードメンバーだったときにも同じくMITに寄付をした。面白いのはその際、IBMやナイキがMITに私と同額の寄付をしてくれたことだ。

実は、アメリカの多くの大企業には、寄付行為を支えるために「matching fund」という基金が設けられている。これは、社員が寄付をした公共的な団体や施設に、会社が社員と同額の寄付をするという制度である。欧米では企業も社会的貢献が求められるが、どこに寄付すればいいのか、その判断が難しい。ならば社員が自腹を切って寄付をしたほどの団体であればまちがいあるまい、そこに会社も社員と同額をバックアップしよう、そうすればならない。社員の社会的評価もあがり、会社のイメージもアップするという目論見である。

社会貢献のテーマを見つけたら、リタイアを待たずに行動に移したい。行動する時間がなければ、テーマについて自分なりに勉強し、優れた活動をしている団体を見つけ、そこに寄付するところから始めてもいい。そして定年の翌日から、自分の時間と体を使い、より本格的に活動を始めるのである。あなたが定年の日を迎えるときには、すでに妻も子供も、夫の知ることのなかった別なネットワークの中で確固とした暮らしを生きていることを知るべきだ。定年後の居場所くらいは自分で見つけておきたい。

死ぬときに貯金をたくさん残すのは、あまり意味がないのでやめよう。定年後の選択肢はもっと広い視野で考えたい。「俺はこれをやった！」――最期にそう思えるライフワークのテーマは、案外サラリーマン生活を卒業したあとに見つかるかもしれない。人生の生き甲斐を探し始めるのに早すぎることはない。

企業社会では夢の夢でも、社会貢献ならば誰でも〝小さなビル・ゲイツ〟になれる可能性があるのだ。

老後の「海外移住計画」はこの国がいい！

外国の金融商品をうまく運用して経済的な不安をなくすことで、豊かで充実した老後の土台ができる、ということを提言したが、老後の生活そのものをいかに充実させられるか、について考えてみたい。

現在は60歳定年だが、現実問題として数年は再就職する人も多いだろう。完全にリタイアするのを65歳と仮定しよう。それでも平均寿命を考えれば約20年の人生が残っている。20年という時間は長いようで短い。残りの人生をいかに送るか、というビジョンがないと、ただ無為に時間を過ごすことになってしまう。これはとてももったいないことだ。

私も60歳を超え、残りの人生のビジョンを描き始めたが、残りの20年を2つのフェーズ（段階）に分けて考えている。

具体的にいうと65歳から75歳までと、75歳から85歳までの2つである。

最初の10年は比較的体力も気力も残っているので、可能な限り活動的な人生を送れるものとして考えている。現役時代にはなかなか行く機会に恵まれない長期旅行や、秘境めぐり。NPO（民間非営利組織）活動への参加。スキーやバイクといった比較的体力を要するスポーツなどが考えられるが、もっとも大切なことは新たな趣味に挑戦する、ということだ。

新たな趣味を持てれば、同年代だけでなく歳の離れた仲間とも交流するようになり、彼らから刺激を受けることで精神的な若さを保つこともできる。そして、その趣味で隠れた才能が開花することもあるのだ。

私の知人の中には轆轤《ろくろ》を回して陶器を作り、個展を開いたり、作曲や詩吟の世界で新たな可能性を見出した人も数多い。合唱団に入って「第九」を歌うまでになった人もいる。

これまで気付かなかった隠れた才能を発見できれば、大きな生き甲斐となることは間違いないだろう。

これに対して第2のフェーズは、余裕を持って人生を楽しむのが相応しい、と考えている。

この年代のアメリカ人の場合、好きな釣り場で一日のんびりと釣りをしたり、馴染みのゴルフ場でスコアなど気にせずにプレーをする人が多い。これならさほど体力を要さず、適度な運動になる。旅行にしても、スケジュールに束縛されてせわしなく移動するのではなく、一か所に長期滞在する旅行がポピュラーだ。

こうした人生のビジョンは定年退職を迎えてから考え始めるのではなく、定年まであと数年となった段階で練っておくことが望ましい。だが、定年をすでに迎えてしまった人でも遅すぎるということはない。考え方一つでいくらでも充実した老後を送ることは可能だから、一日も早い意識改革を薦めたい。

月々10万円でパラダイス生活

さて、人生のビジョンとともに重要なのが、「終《つい》の住《す》み処《か》」をどこにするか、という問題である。

都心に勤務するビジネスマンの場合、通勤に1時間以上かかる郊外に一戸建てやマンションを買った人が多いのではないか。

もし事情が許すなら、完全リタイアと同時にそれを処分することを勧める。というのも、都会生活を楽しめるほど便利な環境にはない。かといって、周辺は単なるベッドタウンで、豊かな自然が溢れているわけでもない場合が多いからだ。

中途半端な場所にあるから、幼いうちはまだしも、ある程度の年齢になると孫たちも喜んで遊びに来たりしなくなることが多いのだ。

アメリカでは、リタイア後はニューヨークの郊外からディズニーランドなどのテーマパークが数十もあるフロリダ州オーランドなどに移り住む人が多い。場所に魅力があるから友人や孫たちが頻繁に遊びに訪れる。たとえ遠くても都会生活者が羨む環境にある場所の方が孫たちは来たがるというのが相場である。

同様に、温暖な気候で知られるアリゾナ州のスコッツデール、サン・シティ、有名なゴルフ場のあるカリフォルニア州のラ・コスタ、ランチョサンタフェ、そして世界最大の観光地ラスベガス……こうした街はリタイアした老人が多く住んでいるが、同時に若者も惹きつけていることで有名だ。このことを参考にしてみてはどうだろうか。

①気候が温暖、②生活費が安い、③豊かな自然、充実したリゾート施設など、都会生活者が羨む環境が揃っている……という条件に合致する場所を国内に絞って探してみると紀伊半島南部、高知の四万十川周辺、魚のうまい徳島県の鳴門、鹿児島県の指宿、長崎鼻などが候補地として最適だ。いまはまだ都会からの移住者が少なく、寂しい感じがするかもしれないが、いずれリタイアメント・タウンとして発展していく可能性が高いと見ている。私もいずれ、これらの中から終の住み処を探すつもりだ。

家を売れない事情があったり、もともと賃貸住まいで収入も年金頼みという方も多いだろう。だが、こういう人たちにも豊かな老後を過ごせる方法はある。それはズバリ海外移住だ。

もしも日常会話に困らない程度の英語力があるならば、オーストラリアやニュージーランドを推奨したい。たとえばオーストラリアの場合、4人家族の平均年収は約240万円。月額20万円だ。夫婦2人ならば、年金収入だけでも十分にやっていける。格安航空券を使えば1人5万円台だから、孫たちも来やすい。

英語力に自信がないという人もあきらめるのは早い。より安く、より豪華な生活を求めたいならフィリピンを推したい。一部治安の悪い地域を除けば、まさにパラダイスである。スービック特別区などが私の目のつけているところである。なにしろ、専任のお手伝いさんと執事（バトラー）を雇っても、夫婦で月10万円もかからない。フィリピンは意外と日本語が通じるし、片言の英語でも十分コミュニケーションがとれる。老人介護の国家資格を持った人々もたくさんいる。格安航空券ならば、こちらは1人2万5000円以下だから、より孫たちも来やすいだろう。

老後に優しい終の住み処を見つけて、残りの人生を明るく素敵なものにしようではないか。

●「週刊ポスト」二〇〇三年五月三十日号から二〇〇四年十月二十九日号に連載したものに加筆改稿しました

大前研一（おおまえ・けんいち）

1943年、福岡県生まれ。早稲田大学理工学部卒業。東京工業大学大学院、米マサチューセッツ工科大学（ＭＩＴ）大学院を経て70年に日立製作所入社。72年にマッキンゼー・アンド・カンパニーに入社、日本支社長、本社ディレクターなどを歴任し、94年に退社。現在、カリフォルニア大学ロサンゼルス校（ＵＣＬＡ）大学院政策部教授、（株）大前・アンド・アソシエーツ代表取締役などを務める。著書は『企業参謀』『平成官僚論』『サラリーマン・サバイバル』『ドットコム・ショック』『チャイナ・インパクト』『質問する力』『実践！　問題解決法』ほか多数。ホームページは、http://www.kohmae.com

遊ぶ奴ほどよくデキる！

2005年７月20日　初版第１刷発行

著　者　大前研一
発行者　秋山修一郎
発行所　株式会社　小学館
〒101-8001
東京都千代田区一ツ橋２－３－１
電話　編集 03（3230）5952
制作 0120-336-340
販売 03（3230）5733
振替　00180-1-200
編　集　小川昭芳
印刷所　凸版印刷株式会社
製本所　株式会社　若林製本工場

ISBN4-09-379453-7

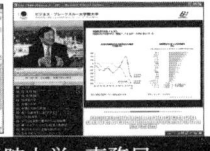

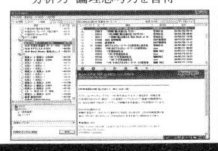

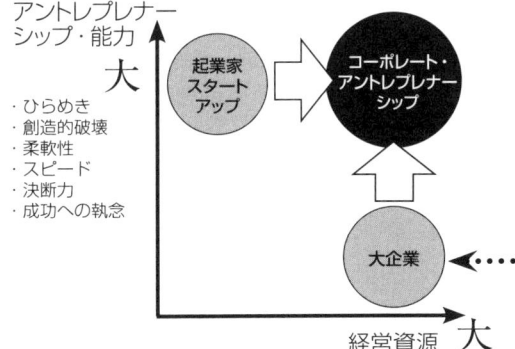